全—本—全—注—全—译

洗冤集錄

〔宋〕宋慈 著

中华文化讲堂 注译

傅志咏 李涛涛 修订

团结出版社

图书在版编目（CIP）数据

洗冤集录 / (宋) 宋慈著 ; 中华文化讲堂注译.
--北京 : 团结出版社, 2017.2
（谦德国学文库）
ISBN 978-7-5126-4747-3

Ⅰ. ①洗… Ⅱ. ①宋… ②中… Ⅲ. ①法医学鉴定—中国—南宋
②《洗冤集录》—注释③《洗冤集录》—译文 Ⅳ. ①D919.4

中国版本图书馆CIP数据核字(2016)第311701号

出版：团结出版社
　（北京市东城区东皇城根南街84号　邮编：100006）
　电话：(010) 65228880　　65244790　（传真）
　网址：www.tjpress.com
　Email：65244790@163.com
　经销：全国新华书店
　印刷：北京天宇万达印刷有限公司

开本：148×210　1/32
印张：7.75
字数：180千字
版次：2017年6月　第1版
印次：2022年3月　第6次印刷

书号：978-7-5126-4747-3
定价：36.00元

《谦德国学文库》出版说明

人类进入二十一世纪以来，经济与科技超速发展，人们在体验经济繁荣和科技成果的同时，欲望的膨胀和内心的焦虑也日益放大。如何在物质繁荣的时代，让我们获得内心的满足和安详，从经典中获取智慧和慰藉，或许是我们不二的选择。

之所以要读经典，根本在于，我们应当更好地认识我们自己从何而来，去往何处。一个人如此，一个民族亦如此。一个爱读经典的人，其内心世界必定是丰富深邃的。而一个被经典浸润的民族，必定是一个思想丰赡、文化深厚的民族。因为，文化是民族之灵魂，一个民族如果不能认识其民族发展的精神源泉，必定就会失去其未来的生机。而一个民族的精神源泉，就保藏在经典之中。

今日，我们提倡复兴中华优秀传统文化，当自提倡重读经典始。然而，读经典之目的，绝不仅在徒增知识而已，应是古人所说的"变化气质"，进一步，是要引领我们进德修业。《易》曰："君子以多识前言往行，以蓄其德。"实乃读经典之要旨所在。

基于此理念，我们决定出版此套《谦德国学文库》，"谦德"，即本《周易》谦卦之精神。正如谦卦初六爻所言："谦谦君子，用涉大川"，我们期冀以谦虚恭敬之心，用今注今译的方式，让古圣先贤的教诲能够普及到每一个人。引导有心的读者，透过扫除古老经典的文字障碍，从而进入经典的智慧之海。

　　作为一套普及型的国学丛书，我们选择经典，不仅广泛选录以儒家文化为主的经、史、子、集，也将视野开拓到释、道的各种经典。一些大家所熟知的经典，基本全部收录。同时，有一些不太为人熟知，但有当代价值的经典，我们也选择性收录。整个丛书几乎囊括中国历史上哲学、史学、文学、宗教、科学、艺术等各领域的基本经典。

　　在注译工作方面，版本上我们主要以主流学界公认的权威版本为底本，在此基础上参考古今学者的研究成果，使整套丛书的注译既能博采众长而又独具一格。今文白话不求字字对应，只在保证文意准确的基础上进行了梳理，使译文更加通俗晓畅，更能贴合现代读者的阅读习惯。

　　古籍的注译，固然是现代读者进入经典的一条方便门径，然而这也仅仅是阅读经典的一个开端。要真正领悟经典的微言大义，我们提倡最好还是研读原本，因为再完美的白话语译，也不可能完全表达出文言经典的原有内涵，而这也正是中国经典的古典魅力所在吧。我们所做的工作，不过是打开阅读经典的一扇门而已。期望藉由此门，让更多读者能够领略经典的风采，走上领悟古人思想之路。进而在生活中体证，方能直趋圣贤之境，真得圣贤典籍之大用。

经典，是一代代的古圣先贤留给我们的恩泽与财富，是前辈先人的智慧精华。今日我们在享用这一份财富与恩泽时，更应对古人心存无尽的崇敬与感恩。我们虽恭敬从事，求备求全，然因学养所限、才力不及，舛误难免，恳请先贤原谅，读者海涵。期望这一套国学经典文库，能够为更多人打开博大精深之中华文化的大门。同时也期望得到各界人士的襄助和博雅君子的指正，让我们的工作能够做得更好！

团结出版社

2017年1月

前　言

　　看过《大宋提刑官》的人，多数会对里面的主人公宋慈留有深刻的印象。

　　宋慈，就是本书《洗冤集录》的作者。

　　宋慈，字惠父，福建建阳人。从小受学于父，十岁时求学于建阳县学者、朱熹的弟子吴稚。这一时期，宋慈深受朱学"格物致知"的影响，养成了注重实证和探索事理本原的习惯。南宋开禧元年（1205年），宋慈进入太学，深得太学博士真德秀的赏识。真德秀赞赏他的文章"有源流，出肺腑"。嘉定十年（1217年）宋慈考中乙科进士，授浙江鄞县（今浙江宁波市）县尉，但因为父亲生病没有赴任，到宝庆二年（1226年），才出任江西信丰县主簿。安抚使郑性之慕其才能，延入幕府参与军事。期间因帮助郑性之平定峒民叛乱有功，朝廷特授舍人。后入福建招捕使陈韡幕府，助其平定闽中之乱。绍定四年（1231年），在陈韡的推荐下，出任长汀县知县。在任期间，抑制盐价，深得百姓爱戴。嘉熙元年（1237年）升任福建邵武军通判。第二年，浙西发生饥荒，宋慈奉诏入浙，处理饥荒事务。宋慈进入浙境不久，就找到了饥荒的原因："强宗巨室，始去籍以避赋，终闭粜以邀利，吾当其谋尔。"于是实行"济粜法"，将人户分为五等，按照等级或济或赈，使百姓度过了饥荒，稳定了社会秩序。嘉熙三年（1239）升任司农丞知赣州。次年，提点广东刑狱。到任后，发现所属官员多不履行职责，积案甚多，于是制订规约，责令所属官员限期执行，仅八个月，就处理了二百多个案犯。因政绩突出，很快，宋慈就调任江西提点刑狱。淳祐五年（1241）转任常州知州，任满，转任广西提点刑狱。淳祐七年（1247），任直秘阁、湖南提点刑狱使、充大使行府参议官。以后，他因政绩卓著，又相继升任宝谟阁直学士、焕章阁直学士、广州知州、广东经略安抚使。

淳祐九年（1249），染疾殁于广州官寓，享年六十四岁。次年，归葬于福建省建阳县崇雒里昌茂村。南宋文学家刘克庄这样称赞宋慈："奉使四出，皆司臬事。听讼清明，决事刚果。扶善良甚恩，临豪猾甚威。部属官吏以至穷闾、委巷、深山幽谷之民，咸若有一宋提刑之临其前。"

《洗冤集录》成书于淳祐七年（1247）宋慈担任湖南提点刑狱使的冬天。一经刊行，就不胫而走，宋之后的历朝历代，无不把它作为办案的必备之书，甚至成为考试内容，并收入《四库全书目录》。它的巨大影响和重要地位，吸引了后代很多学者对其进行注释、研究、修订，并促发了其他多种如《平冤录》《无冤录》等法医学著作的诞生。《洗冤集录》曾先后被译成二十多种文字，在朝鲜、日本、荷兰、法国、英国、德国、美国、俄国等国家出版流传。即使在法医学高度发展的今天，它仍被视为法医学著作中的经典，其诸多理论依然被人们广泛的征用和应用。

撰写《洗冤集录》的目的，宋慈在序里说得很明白："示我同寅，使得参验互考……则其洗冤泽物，当与起死回生同一功用矣。"宋慈没想到的是，他的这一简单愿望，却为后人留下了一部不朽的法医学著作。

《洗冤集录》共五卷五十三目，前有作者的自序。卷一包括条令、检复总说、疑难杂说等目。《条令》目下辑有宋代历年公布的条令二十九则，都是对检验官员规定的纪律和注意事项。卷二至卷五分别记述了人体解剖、检验尸体、勘察现场、鉴定死伤原因、自杀或谋杀的各种现象、各种毒物和急救、解毒方法等，并对生前自溺与死后弃尸入水、自缢与假自缢、自刑与杀伤、火死与假火死等作了清晰的区别，至今仍在应用。其中记载的洗尸法、人工呼吸法，迎日隔伞验伤以及银针验毒、明矾蛋白解砒霜中毒等都具有很高的实用价值，也都很合乎科学道理。整体来看，本书的卷目排列略显随意，杂乱无序，各目下的内容也多有穿插交错的地方，可能是作者随手札记、取材过细所致，但如若细加缕析归纳，其内容可分为六大方面：检验总论、验尸、验骨、验伤、中毒、救死方。这六大方面的论述，有很多是史无前例的，如尸斑的发生与分布、尸体现象与死后经过时间的关系、棺内分娩的发现、缢死的绳套分类、缢痕的特征及影响的条件、骨折的生前死后鉴别等。由于受时代条件的限制，《洗冤集录》也存在一些不足和缺陷，比如在自缢的人脚下挖土三尺会有火炭，就比较迷信缺乏实证。对血迹、精液、毛发的化验工作没有认识，滴血认亲、掘尸蒸骨的方式也不近科学。

《洗冤集录》是古代验尸经验的集大成之作，也是世界最早的一部完整的法医学专著，它比西方最早的法医学书籍《医生的报告》早了三百多年。《洗冤集录》的问世是世界科学史上的一件大事，因为它的出现标志着世界上又一个新的学科——法医学诞生了。

希望读者在阅读完这本书后加深对法医工作重要性的认识，更加热爱宋慈，更深入地了解法医学，也希望大家能为我国法医学的繁荣与发展做出力所能及的贡献。

目　录

序

　　狱事①莫重于大辟②，大辟莫重于初情③，初情莫重于检验。盖死生出入④之权舆⑤，幽枉⑥屈伸之机括⑦，于是乎决。法中所以通差令⑧佐理掾⑨者，谨之至也。年来州县悉以委之初官，付之右选⑩。更历⑪未深，骤然尝试，重以仵作之欺伪，吏胥⑫之奸巧，虚幻变化，茫不可诘⑬。纵有敏者，一心两目，亦无所用其智，而况遥望而弗亲，掩鼻而不屑者哉。慈四叨臬寄⑭，他无寸长，独于狱案审之又审，不敢萌一毫慢易心。若灼然知其为欺，则亟与驳下；或疑信未决，必反复深思，惟恐率然⑮而行，死者虚被溌漉⑯。每念狱情之失，多起于发端之差，定验之误，皆原于历试之浅，遂博采近世所传诸书，自《内恕录》以下凡数家，会而粹之，厘而正之，增以己见，总为一编，名曰《洗冤集录》。刊于湖南宪治⑰；示我同寅⑱，使得参验互考，如医师讨论古法，脉络表里，先已洞澈⑲，一旦按此以施针砭，发无不中，则其洗冤泽物，当与起死回生同一功用矣。

　　淳祐丁未嘉平节前⑳十日，朝散大夫新除直秘阁、湖南提刑、充大使行府参议官㉑宋慈惠父㉒序。

　　贤士大夫或有得于见闻及亲所历涉出于此集之外者，切望片纸录赐，以广未备。慈拜禀。

【注释】①狱事：刑事案件，诉讼案件。

②大辟：古代五刑中的死刑，俗称砍头，隋唐以后泛指一切死刑。最初的五刑指墨刑、劓刑、剕刑、宫刑、大辟，以后肉刑渐被消除，隋唐时期，五刑演变成笞刑、杖刑、徒刑、流刑、死刑。五刑一直到清朝末年才被废除。

③初情：探查事情的真相。

④出入：重罪轻判、有罪定无，称为"出"；轻罪重判，无罪定有，称为"入"。

⑤权舆：起始，开始。

⑥幽枉：冤屈，冤枉。

⑦机括：原指弓弩上发射箭矢的机件，后常用以比喻事情的关键或事物的权柄。这里当"关键"讲。

⑧差令：法令。

⑨理掾：古代掌管诉讼的官吏。

⑩初官、右选：初官：刚上任的官员。右选：武官。宋代吏部选拔官员，分为左右选。掌右选的负责武官的选授、铨叙、调配等。

⑪更历：经历，阅历。

⑫仵作、吏胥：仵作是古代官署中检验死伤的吏役，吏胥是地方官府中掌管簿书案牍的小吏。

⑬诘：追问，问责。

⑭四叨臬寄：四次担任提刑官。叨：担任，受任。臬寄：执法官，刑狱官。

⑮率然：轻率，草率。

⑯捞漉：同"捞滤"。"捞摝"，原义为从水中打捞，这里指尸检时对尸

体的翻动或挪动。

⑰宪治：指提点刑狱，是地方最高的司法机构。这里指宋慈做官的地方。

⑱同寅：同僚。

⑲洞澈：洞彻，透彻。

⑳淳祐丁未嘉平节前：淳祐是南宋理宗的年号（1241年~1252年）。丁未：淳祐七年，即1247年。嘉平：腊月的别称。《史记·秦始皇本纪》："三十一年十二月，更名腊曰嘉平。"节前：除夕前。

㉑朝散大夫新除直秘阁、湖南提刑、充大使行府参议官：这些都是宋慈的官职。朝散大夫：官名，是一种无固定职务的文官。直秘阁：官名，简称直秘，是中央掌管机密文件的官吏。湖南提刑：湖南的提点刑狱官。提刑官是宋代地方上掌管刑狱的最高长官。大使行府参议官：安抚大使署衙的参议官。大使：即安抚大使，简称安抚使，是中央派到地方上掌管军务治安的官吏。行府：官衙，衙署。参议官：官名，职务类似于幕僚。

㉒宋慈惠父：宋慈，字惠父。

【译文】所有司法案件的处理没有比判处死刑更严重的了，判处死刑最要紧的是弄清案件的原委真相，弄清案件的原委真相最要紧的是对伤、病、尸身的检验。因为罪犯的生死、断案是否"出入"的最初依据，案情是冤屈还是昭雪伸冤的关键，都在于此。法律中传达法令、选拔检验官员及具体检验过程的规定，是非常谨慎的。几年来，许多州县却把如此重大的事项交给初入选的官员或是武官去办理。这些人资历浅，没有多少经验，突然接手案件，再加仵作的欺瞒哄骗，吏胥的奸猾习钻，使案件变得扑朔迷离，模糊不清，难以查问真情。纵使有些聪敏干练的人，仅凭自己的一心双眼，也无法施展才能，更何况那些在验尸现场只是远远站着观望而不亲临察看、捂着鼻子生怕被尸臭熏着而轻视检验的人呢！我宋慈四任执法官，没什么其他长处，唯独对于断案，认真周密，反复审理，不敢萌生丝毫怠慢玩忽的心理。如果明知案情存在虚假欺诈，就立即驳斥矫正，令下属重新调查；有时遇到疑团难以解开，也一定要反复思考，只害怕轻率做事，使死者的尸身徒然地被翻动检验，死不安息。每当我想到，案情的误判，多开始于细微的偏差，检验的失误，多由于检验者的经验不足、草率办案。于是，我就广发采集近世流传的各种验尸的书籍，从《内恕录》到以后的好几种，荟萃整理、订正错误，并加入自己的见解，汇总成一本书，名叫《洗冤集录》。此书在我任湖南提刑官的任所刊印出来，给我的同僚们研读，让他们在审理案件时参照验证。这就如医生讨论古代的医疗方法一样，先要对人体的内外脉络穴位了解透彻，而后施以针药，则没有治不好的病。就此书洗清冤屈、有益于百姓而言，其功用与医生救死扶伤、起死回生是相同的。

淳祐丁未腊月除夕节前十天，朝散大夫新任直秘阁、湖南提刑、充大使行府参议官宋慈（字惠父）作序。

各位贤士大夫，如果在自己所见所闻及亲身处理的案子中，发现有与本书记载的检验方法、案例等不相符的，或在本书采录之外的，恳请大家以片纸记录下来，惠赐给我，以填补我的遗漏，充实我的知识。宋慈再拜禀告。

卷之一

一 条令

【题解】唐宋时期的司法检验已进入比较成熟的时期，且有十分严密的规章制度。《洗冤集录》就是在这一背景下出现产生的。本节作为全书的第一节，在开篇明义地列出有关尸体检验的法律条令的同时，也对验尸官失职、渎职和贪赃枉法等行为应受的处罚做出了明文规定。这些对当时司法检验工作的展开、检验质量的提高、准确获得证据从而减少冤假错案等都有极大的帮助。尤其是条令中那些对检验人员能力、素质、资格、职责的严格要求，比如验尸官应依法派遣文臣，不得已时才能派遣武官，遇有检验任务要及时出发且要亲临现场，不得无故推托，验尸官必须与原告、被告没有"亲嫌干碍"关系，所有检验事状不得泄露、不得受财枉法等，对于今天的法医从业人员而言仍有许多借鉴意义。

宋慈在文中还提出了一个大胆的建议，并申报朝廷得到朝廷的批示："命官检验不实或失当，不许用觉举原免。"这一建议在当时是非常具有挑战性和震撼力的，因为当时"觉举原免"的不合理规定，常使那些不认真检验或错下检验结论的官员总能因自己的主动坦白减轻或逃脱罪责，从而逍遥法外。所以，宋慈的这一做法实际上是对宋朝"觉举原免"制度漏洞的填补和法律制度的完善。

诸尸应验而不验；(初复①同)或受差过两时不发；(遇夜不计,下条准此②)或不亲临视；或不定要害致死之因；或定而不当,(谓以非理死③为病死,因头伤为胁伤之类)各以违制④论。即凭验状⑤致罪已出入⑥者,不在自首觉举⑦之例。其事状难明,定而失当者,杖一百。吏人、行人⑧一等科罪⑨。

【注释】①初复:初检、复检。

②准此:同此。

③非理死:非正常死亡。

④违制:违反法令制度。

⑤验状:验单。

⑥出入:出罪、入罪。参见序注释④。

⑦自首觉举:"自首"与"觉举"都是指罪人在过失和罪行未被揭发前主动坦白交代,不同的是"觉举"专对官吏而言,"自首"适用于官吏之外的人。

⑧吏人、行人:都是官府中没有品级的办事差役。

⑨一等科罪:同等论罪。一等:一样,相同。科罪:定罪,论罪。

【译文】凡尸体应当检验而不检验的;(初检、复检相同)或接到检验任务超过两个时辰不出发的;(遇到夜间,不算在内,下条同此)或不亲到现场察看的;或无法验定要害致死原因的;或验定结论不准确的,(指把非正常死亡定作病死,由于头伤致死而定作胁伤致死的这类情况),都按"违制罪"论处。如凭验单判罪已构成"出入"的,不包括在"自首觉举"的范围内。由于情况复杂难以验明,而判定不准确的,处刑杖一百。官府差役和仵作行人同等论罪。

诸被差^①验复，非系经隔日久，而辄称尸坏不验者，坐^②以应验不验之罪。（淳祐详定）

诸验尸，报到过两时不请官者；请官违法，或受请违法而不言；或牒^③至应受而不受；或初、复检官吏、行人相见及漏露所验事状者，各杖一百。（若验讫^④，不当日内申所属^⑤者，准此）

诸县，承他处官司^⑥请官验尸，有官可那^⑦而称阙；若阙官，而不具事因申牒^⑧；或探伺^⑨牒至，而托故在假被免者，各以违制论。

诸行人因验尸受财，依公人法^⑩。

诸检复之类应差官者，差无亲嫌干碍之人。

诸命官^⑪所任处，有任满赏者，不得差出，应副检验尸者听差^⑫。

【注释】①被差：受差，接到任务差事。

②坐：定罪，治罪。

③牒：公文，文书。

④验讫：检验完毕，

⑤申所属：报告给上级部门。申：申报，报告。所属：统属，隶属，这里指上级部门。

⑥官司：官府。

⑦那：同"挪"。

⑧申牒：报告情况。

⑨探伺：探知，打探。

⑩公人法：关于公人的法律规定。古时称官吏为"公人"，指享受朝廷俸禄的人。

⑪命官：由皇帝直接任命的官员。

⑫应副检验尸者听差：应该由副职代替即将离任的官员处理案件。副：副职。听差：听从差遣。

【译文】凡被派担任初验、复验的官员，如果尸体停放的时间不是太久，却随便推说尸体腐坏不能检验，按"应验不验"罪论处。（淳祐年间审定）

凡验尸，两个时辰还不请官检验的；或者违反请官检验有关规定，或者被请的官员明知其中有违法行为而不揭发言明的；或者请官验尸的公文到来应当接受而不接受的；或者参与初、复检的官吏、行人私自相见及泄露检验情况的，皆罚一百大板。（如果检验完毕，当天不向上级部门报告的，也按此惩罚）

各县凡是受到其他地方官府请官验尸的，有官可派却推说无官可派的；或无官可派却不及时备文说明情由的；或探知验尸公文到来却托故休假而不承担检验任务的，都按"违制罪"论处。

各检验人员凡是凭借验尸收受贿赂的，按"公人法"处罪。

凡初检、复检需要委派官员的，应该委派同本案没有亲故嫌怨不会妨碍公正的人。

凡是朝廷任命的官员，任期届满而等候升赏的，不得委派，应派其他官员前往验尸。

诸验尸，州差司理参军①，（本院囚别差官②，或止有③司理一院④，准此）县差尉。县尉阙，即以次差簿、丞。（县丞不得出本县界）监、当官皆阙者，县令前去⑤。若过十里，或验本县囚，牒最近县。其郭下县⑥皆申州。应复验者，并于差初验日，先次申牒差官，应牒最近县，而百里内无县者，听^⑦就近^⑧牒巡检或都巡检^⑨。（内^⑩复检应止牒本县官，而独员者准此，谓非见出巡捕者。^⑪）

【注释】①司理参军：官名，简称司理。宋代置于各州，掌狱诉。

②本院囚别差官：本院（州司理院）的囚犯另外派遣官员。

③止有：同"只有"。

④司理院：州属监狱。

⑤县尉、主簿、县丞、监、当官、县令：都是县级官员。县尉掌管全县的军事、治安，位在县丞、主簿之下。主簿，主管钱粮账簿，位在县丞下、县尉上。县丞，县令的副职，位在主簿、县尉之上。县令，是一县的行政长官。监、当官：指代理和主管的官。一县之中，主管验尸的是县尉，称为"当官"。如果县尉缺员，由他人代理，称为"监官。"

⑥郭下县：州府所在地的县。

⑦听：任凭。

⑧就近：附近。

⑨巡检、都巡检：官名，多设置于沿海、边疆和少数民族地区，掌管捕盗、治安、巡逻和检验等事，受所在地区行政长官的领导。

⑩内：其中。

⑪谓非见出巡捕者：指的不是现在外出巡捕的人。见：同"现"，现今，当时。

【译文】凡验尸，州一级要派司理参军去。（司理院的囚犯死亡，则另委派其他官员验尸，如果州里只有司理院一院，仍由司理参军去检验）县一级应该委派县尉去。县尉缺员，就依次委派主簿、县丞（县丞不得出本县界）。监、当官都缺员的，县令亲自前去。如果尸体现场在十里以外，或者检验的是本县囚犯的尸体，应发文到最近的县请官验尸。州府所在地的县都应申报州府。应当复检的案件，都要在委派初检官的同时，先发文给最邻近的县请官，百里之内没有县的，听凭就近发文请巡检或都巡检。(其中复检应只请本县的官，如果本县只有一个检验官员，可依此办理，但指的不是当时在外执行巡捕任务的官员。)

凡监、当官出城验尸的，县里要派差役军卒跟随当差。

诸监、当官出城验尸者，县差手力伍人^①当直^②。

诸死人未死前，无缌麻^③以上亲在死所，(若禁囚责出^④十日内及部送^⑤者同)并差官验尸。(人力、女使^⑥经取口词^⑦者，差公人)因及非理致死者，仍复验。验复讫，即为收瘗^⑧。(仍差人监视，亲戚收瘗者付之)若知有亲戚在他所者，仍报知。

【注释】①手力伍人：官府雇佣的、供官府使唤的杂役人员。手力：差役。伍：军卒。

②当直：同"当值"，值班。

③缌麻：丧服名。用较细熟麻布制成，服期为三个月。古代以五种丧服的轻重来区分与死者的亲疏关系，称为五服。五服分别为斩衰、齐衰、大功、小功、缌麻。缌麻，五服中最轻的一种。用于曾祖父母、祖父母、外祖父母、表兄弟、姨兄弟、外孙、外甥等丧。缌麻以上亲：指五服以内的亲属。

④责出：用杖责打后即行释放，称为责出。

⑤部送：押送至刑部。部：刑部。送：押送。

⑥人力、女使：仆役、女婢。

⑦经取口词：录取口述。

⑧收瘗：收葬，收埋。

【译文】凡监官、当官出城验尸的，县里要派差役、军卒跟随当差。

　　凡死者在未死之前，没有缌麻以上的亲属在场的，（如果是监牢里的囚犯受责打后十天之内死亡的及在押送刑部的途中死亡的，也同此）都要派官验尸。（仆役、奴婢死亡前已经取得口述的，只要派官员去核实即可）囚犯死亡以及其他非正常死亡的，都要复检。复检结束，即代为收葬。（收葬时，仍须派人监视，死者亲属收葬的，可将尸体交给他们处理）如果知道死者有亲属在其他地方的，仍需要通知他们。

　　诸尸应复验者，在州申州，在县，于受牒时，牒尸所最近县。（状牒内，各不得具①致死之因）相去百里以上而远于本县者，止牒本县官。（独员即牒他县）

　　诸请官验尸者，不得越河、江、湖，（江河谓无桥梁，湖谓水涨不可渡者）及牒独员县。（郭下县听牒，牒至即申州，差官前去）

　　诸验尸，应牒近县，而牒远县者，牒至亦受，验毕申所属。

　　诸尸应牒邻近县验复，而合请官在别县，若百里外，或在病假，（不妨本职非）无官可那者，受牒县当日具事因②，（在假者具日时）保明申本州及提点刑狱司，并报原牒官司，仍牒以次县③。

　　【注释】①具：写明，记载。
　　②具事因：写明事情的原由。
　　③次县：其他县。
　　【译文】凡尸体应当复检的，属于州管的应申报州府；属于县管的，在接到验尸公文时，发文到尸体所在的最近县请官验尸。（公文上不得写明死者致死的原因）如果最近的县距离尸体所在地百里以上，而远于本县的，只发文给本县的官员。（如果本县可派的官员只有一人，则发文到其他较近的县。）

凡是请官验尸，不得到隔着河、江、湖的县去请官（江河指没有桥梁可通的，湖指水势浩大不能渡过的）及发文到只有一个官员的县请官。（州城所在地的县，听凭发文请官，公文到达后应立刻申报州府，派官前去）

凡验尸，应当发公文到最近的县请官，如果发文到较远的县，收到公文的县也应接受，并在派官检验完毕后，申报上级部门。

凡遇尸体应当发文到邻近县请官初检、复检的，如果所要请的官恰到他县外出，且又相距百里之远，或在病假中。（不妨碍执行任务的不算）没有他官可派的，接到公文的当天应该写明原由，（告假的，写明告假的起止时间），负责申报本州和提点刑狱司，并复文到原发文部门，然后再发文到其他县请官验尸。

诸初、复检尸格目^①，提点刑狱司依式印造，每副初、复各三纸，以《千字文》^②为号，凿定^③给下州县。遇检验，即以三纸先从州县填讫，付被差官。候检验讫，从实填写，一申州县；一付被害之家；（无即缴回本司）一具日时字号入急递^④，径申本司点检。（遇有第三次后检验准此）

【注释】①格目：表册，表格。
②《千字文》：南北朝时期梁朝散骑侍郎、给事中周兴嗣编纂，因用一千个不重复的汉字组成，故名，是古代影响颇大的儿童启蒙读物。

③凿定：钤印，盖章。

④急递：急件，快递。

【译文】凡是初检、复检的验尸表格，提点刑狱司按照规定格式印制。每副初检、复检的报告各三份，按《千字文》的顺序编号排列，钤印后下发给各州县。遇有检验就用三份表格，先由州县填写，填写完成后，交付给被派验尸的官员。等到检验完毕，再由检验官据实填写。一份呈报州县；一份交给被害人家属。（没有家属的则缴回提点刑狱司）一份写明日期、时间、编号，用急件直接申报提点刑狱司备案审查。（遇有第三次复检的，也是办理同样的手续）

诸因病死（谓非在囚禁及部送者）应验尸，而同居缌麻以上亲，或异居大功①以上亲，至死所而愿免者，听。若僧道有法眷②，童行③有本师④，未死前在死所，而寺观主首⑤保明⑥各无他故者，亦免。其僧道虽无法眷，但有主首或徒众保明者，准此。

诸命官因病亡，（谓非在禁及部送者）若经责口词，或因卒病，而所居处有寺观主首，或店户及邻居，并地分合干人⑦保明无他故者，官司审察，听免检验。

【注释】①大功：即大功服，丧服名，用粗熟麻布制成，服期为九个月。用于堂兄弟、已嫁的姊妹、姑母等。

②法眷：眷属。法眷是专门针对出家僧道眷属的称呼。

③童行：指出家入寺观还未取得度牒的少年。

④本师：原指教派中最初得到传授知识和道法的老师或师父，此处泛指跟从受业的老师或师父。

⑤主首：主持寺观的僧道。

⑥保明：担保证明。

⑦地分合干人：当地与病死者有关系的人。

【译文】凡因病死亡（不包括在囚禁中死亡的和押送途中死亡的）应当验尸，如果与死者同住的缌麻服以上的亲属，或不同住的大功服以上的亲属到死所，而请求免检的，可以听从免检。如果和尚、道士有眷属，小和尚、小道士有师父，未死前在死所，而寺观的主持担保证明没有异常事故的，也可以免检。如果和尚、道士没有眷属，但有寺观的主持或者徒众担保证明的，也可以免检。

凡朝廷任命的官员因病死亡（不包括在囚禁中死亡的和押送途中死亡的），如果已经取得本人生前的口述，或者因暴病突然死亡，而住处有寺观的主持、店户、邻居及当地有关人员担保没有异常事故的，经官府审查批准，听从免检。

诸县令、丞、簿虽应差出，须当留一员在县。（非时俱阙，州郡差官权）

诸称"违制"论者，不以失论。（《刑统·制》①曰：谓奉制有所施行而违者，徒二年。若非故违而失错旨意者。杖一百）

诸监临主司受财枉法②二十匹③，无禄者④二十五匹，绞。若罪至流⑤，及不枉法，赃五十匹，配本城。

【注释】①《刑统·制》：即《刑律统类》中的《职制律》。唐宋把刑书称作律，律之外还有皇帝的敕、令、格、式等。宋太祖建隆三年，窦仪奉命把律、敕、令、格、式等汇编成书，共三十卷，名为《刑律统类》（简称《刑统》)。

　　②枉法：歪曲和破坏法律。

　　③二十四：即二十四匹绢。

　　④无禄者：官府中雇佣的杂役不享受朝廷俸禄，故称无禄者。

　　⑤流：流放。

　　【译文】各县的县令、县丞、主簿如果接到任务外出，必须留下一人在县衙值班。(特殊情况下，全部缺员的，由州郡派官暂时代理)

　　凡是应该以"违制罪"论处的，不按"过失罪"论处。(《刑统·制》规定：奉皇帝命令有所施行但违背旨意的，处以徒刑二年。如果不是有意为之而是由于理解错了旨意违背的，处以杖刑一百。)

　　凡监督及主管官员贪赃枉法受贿二十四匹绢，没有俸禄的受贿二十五匹绢，处之绞刑。如果所犯的罪只够流放，虽有贪赃但未枉法的，受贿五十匹绢，发配至本地牢城服苦役。

　　诸以毒物自服，或与人服，而诬告人，罪不至死者，配千里。若服毒人已死，而知情诬告人者，并许人捕捉，赏钱五十贯①。

　　诸缌麻以上亲因病死，辄以他故诬人者，依诬告法，(谓言殴死之类，致官司信凭以经检验者)不以荫论②。仍不在引虚减等③之例。即缌麻以上亲自相诬告，及人力、女使病死，其亲辄以他故诬告主家者，准此。(尊长诬告卑幼，荫赎减等，自依本法)

　　诸有诈病及死、伤受使检验不实者，各依所欺减一等。若实病、死及伤，不以实验者，以故入人罪④论。(《刑统》议

曰:上条⑤诈疾病者,杖一百。检验不实同诈妄,减一等,杖九十)

【注释】①贯:货币单位。古代以绳索穿钱,一千文为一贯。

②荫论:宋朝法律规定,皇亲国戚、官僚贵族、对朝廷有巨大功勋和为朝廷做出非常贡献的人及其家属犯罪,应酌情从轻处理,称为"荫论"。

③引虚减等:诬告他人者自行撤回诬告,可以得到减刑处理。引虚:撤回诬告。减等:减罪,减刑。

④故入人罪:官吏歪曲事实故意将人判罪的一种罪行。

⑤上条:上述款项。

【译文】凡是以毒物自己服用或给人服用,却诬告他人下毒的,其罪行未构成死罪的,发配到千里之外服苦役。如果服毒的人已经死亡,自己知晓内情却反而诬告他人的,准许人将其捕捉,赏钱五十贯。

凡缌麻服以上的亲属因病死亡,却以其他缘故诬告他人的,根据诬告法的规定论罪。(指把病死说成被殴打而死之类,以致官府相信已经进行检验了的)不适用荫赎减罪的规定。也不在"引虚减等"的范围之内。如果缌麻服以上的亲属自己相互诬告,以及仆役、女婢病死,其亲属却以其他缘故诬告主家的,同此处理。(尊长诬告卑幼,有关荫赎减罪的规定,自应依照原来的法律处理)

凡有伪装疾病、死亡、和受伤造成检验不实的,按照欺诈罪减一等惩罚。如果确实是疾病、死亡及受伤却不据实检验申报的,以故意陷害人罪论处。(《刑统》议曰:上述条款伪装疾病的,处以杖刑一百。检验不实与欺诈罪相同,减轻一等,处以杖刑九十)

诸尸虽经验,而系妄指他尸告论,致官司信凭①推鞫②

依诬告法。即亲属至死所妄认者，杖八十。被诬人在禁③致死者，加三等。若官司妄勘④者，依入人罪⑤法。

《刑统·疏》：以他物⑥殴人者，杖六十。（见血为伤。非手足者其余皆为他物，即兵不用刃亦是）

《申明刑统》⑦：以靴鞋踢人伤，从官司验定。坚硬即从他物，若不坚硬即难作他物例。

诸保辜⑧者，手足殴伤人限十日；他物殴伤人者二十日；以刃及汤火伤人三十日；折目折跌肢体及破骨者五十日，限内死者，各依杀人论。（诸啮人⑨者，依他物法。辜内堕胎⑩者，堕后别保三十日，仍通本殴伤限，不得过五十日）其在限外，及虽在限内以他故死者，各依本殴伤法。（他故谓别增余患⑪而死。假殴人头伤，风⑫从头疮而入，因风致死之类，仍依杀人论。若不因头疮得风而死，是为他故，各依本殴伤法）

【注释】①信凭：相信。

②推鞫：审讯，断案。

③在禁：在关押中。

④妄勘：胡乱定案，草率判决。

⑤入人罪：参见上一部分注释④。

⑥他物：手脚、锐器以外的物体。

⑦《申明刑统》：是一部解释、疏证《刑统》的书。申明：解释，订正。

⑧保辜：宋朝法律规定，凡殴伤人的，应给一定期限观察伤势变化。如果伤者期限内死亡，则伤人者应以杀人罪论处；如果期限内未死，则伤人者应以伤人罪论处，此为保辜。所规定的期限，称为辜期。

⑨啮人：咬伤人。

⑩堕胎：流产。

⑪余患：另外的病。

⑫风：破伤风。

【译文】凡尸体虽经检验，但实际上确是乱指别人的尸体诬告他人，以致官府相信审讯的，按照诬告法的规定论罪。如果是亲属到死所乱认尸体的，处以杖刑八十。被诬告人在监禁中死亡的，诬告人应罪加三等。如果官府胡乱审讯定案的，依据"入人罪法"的规定予以处罚。

《刑统》疏：用他物打人的，杖刑六十。（流血的算作伤，手脚之外的其他东西都算作他物，如果伤人的兵器是没有刃的一面，也算作他物）

《申明刑统》："以靴鞋踢人致伤的，听从官府验定。如果是坚硬的靴鞋，那么就算作他物伤，如果不坚硬，就很难以他物伤来处罚了。"

凡殴伤他人负有担保期限的，用手脚伤人的期限是十天；用他物伤人的期限是二十天；以兵刃及热汤火伤人的期限是三十天；殴伤眼睛、肢断骨折的，期限是五十天。在担保期内死亡的，各按杀人罪论处。（凡是咬伤人的，按照他物伤人法的规定论罪。担保期内流产的，流产后应再加保期三十天，但连同原殴伤的保期加在一起，不得超过五十天）凡在保期外及在保期内由于其他原因死亡的，应根据殴伤法的规定论罪。（其他原因指殴伤之外另增其他疾病而死的。例如殴伤人的头部，风从头部伤口侵入，因破伤风造成死亡之类，仍按杀人罪论处。如果不是因为头部的伤口入风而死，算作其他原故，应按原殴伤法的规定论罪）

乾道六年①，尚书省②批状："州县检验之官，并差文官，如有阙官去处，复检官方差右选。"本所看详③："检验之官自合依法差文臣。如边远小县，委的^④阙文臣处，复检官权差识字武臣。今声说照用。"

嘉定十六年^⑤二月十八日敕："臣僚奏：'检验不定要害致命之因，法至严矣。而检复失实，则为觉举，遂以苟免。欲望睿旨下刑部看详，颁示遵用。' 刑寺长贰^⑥详议：'检验不当，觉举自有见行^⑦条法^⑧；今检验不实，则乃为觉举，遂以苟免。今看详命官检验不实或失当，不许用觉举原免^⑨。余并依旧法施行。奉圣旨依。'"

【注释】①乾道六年：即公元1170年，乾道是南宋孝宗的年号。

②尚书省：官僚机构，统管朝廷政令，下设吏、户、礼、兵、刑、工六部，其职能类似当前的国务院，长官为尚书令.

③看详：批复，审定。

④委的：确实，的确。

⑤嘉定十六年：即1223年，嘉定是南宋宁宗的年号。

⑥刑寺长贰：刑部和大理寺的正副长官。刑部和大理寺都是宋朝设在中央的司法机构，其长官分别为刑部尚书、大理寺卿。

⑦见行：现行。

⑧条法：条令，条款。

⑨原免：宽免，赦免。

【译文】乾道六年尚书省批复文书："各州县检验官，应派文官担任，如果有缺官的地方，可以委派武官复检。"敕令所审定文书："检验官员，自应当委派文官。如果是边远小县，确实缺少文官，复检官可暂时委派识字的武官代理。特此声明，望遵照施行。"

嘉定十六年二月二十八日敕令："臣僚奏称：'检验不出要害致死

原因的，处罚非常严厉。而对检验不实的，却因其主动坦白过失从宽处理，甚而无罪宽免。希望皇上下圣旨由刑部研究审核，做出合理的规定，以便遵照施行。'刑部、大理寺正副长官认真研究认为：'检验不当的，坦白者从宽处理，这是现行法令已有的规定。现在检验不实的，竟也套用坦白从宽的规定，从而逃脱罪责。现经详细审议决定：凡朝廷任命的官员检验不实或不当的，一律不许引用坦白从宽的规定加以宽免。其余的按照原来的法律施行，接到圣旨后立刻遵照施行。'"

二 检复总说上

【题解】检验官除了具备应有的检验知识和方法外，还必须遵守检验的法令法规，具有良好的工作作风。本节就是对检验官应有检验知识和方法之外的一些规定：赶往现场要及时，不得骚扰乡民；严守工作纪律，不得单独外出，泄露检验机密；遇有住宿，为了避免嫌疑不能住在与凶手有血缘关系的亲戚家；到达现场要讯问周围邻居以及见证人，了解案情：对于家属的请求和供词，要慎之又慎，以防家属被买通串供；要及时收缴凶器，比对伤痕大小；检验尸体时要细察案发现场，仔细认真，不得放过任何细节。然而本节提到在接到检验任务后，不得接见附近的官员、秀才、道士、和尚等，以防被他们欺诈这一条与书中多次提到的检验官应多方体察探访、了解案情的规定相矛盾。

凡验官多是差厅子、虞候^①，或以亲随^②作公人、家人名目前去，追集^③邻人、保伍^④，呼为先牌，打路排保，打草踏路^⑤，先驰看尸之类，皆是搔扰乡众。此害最深，切须戒忌。

【注释】①厅子、虞候：官府雇佣的差役和军校。

②亲随：亲信，随从。

③追集：召集。

④保伍：保甲，保长。宋朝政府为了便于管理底层民众，把五户、十户编作一个单位，称为"伍""什"。

⑤打路排保、打草踏路：宋代验尸，在验尸官到达尸体现场前有许多布置工作，需要先派人准备。打路排保和打草踏路就是所要做的准备工作之一，意思是检验官到达尸体现场前先要安排人领路，并要把路铺草填平。

【译文】凡验尸官验尸多先派出军卒、差役，或是带上侍从、家丁，然后召集邻人、保长，叫他们作为前导，为自己铺草开路，先行察看尸体之类，都是骚扰乡民的行为。这样的危害最大，一定要严加禁戒。

凡检验承牒①之后，不可接见在近②官员、秀才、术人③、僧道，以防奸欺，及招词诉④。仍未得凿定⑤日时于牒。前到地头约度程限⑥，方可书凿，庶免稽迟⑦。仍约束行吏⑧等人，不得少离官员，恐有乞觅⑨。遇夜行吏须要勒令⑩供状⑪，方可止宿。

【注释】①承牒：接受公文，即接受任务的意思。

②在近：本地。在近官员，即本地官员。

③术人：以占卜、观星象、炼丹、降妖为职业的人俗称"术士"。

④词诉：诉讼。

⑤凿定：确定。

⑥约度程限：估计路程。约度：估计。程限：距离，路程。

⑦稽迟：耽搁，延迟。

⑧行吏：仵作和书吏。

⑨乞觅：讨取，索取，这里指索贿。

⑩勒令：命令，强令。

⑪供状：字据，文书。

【译文】凡验尸官接到公文之后，不可接见本地的官员、秀才、江湖术士、和尚道士，以防被他们欺诈及招惹诉讼。如果验尸公文没有写明检验时间的，应该先到案发现场，约估路程远近及往返时间，然后填写到公文上，以免延误。并且约束仵作、仆役等人员，不得让他们擅自离开，防止发生索贿行为。遇到夜间，必须命令仵作、仆役作出书面保证，方可在外留宿。

凡承牒检验，须要行凶人随行，差土著①有家累田产、无过犯②节级、教头③、部押④公人看管。如到地头，勒令行凶人当面，对尸仔细检喝⑤，勒行人、公吏对众邻保⑥当面供状。不可下司，恐有过度走弄之弊。如未获行凶人，以邻保为众证。所有尸帐，初、复官不可漏露。仍须是躬亲诣⑦尸首地头，监行人检喝，免致出脱⑧重伤处。

【注释】①土著：当地人或当地官员。

②无过犯：以往没有犯罪记录。

③节级、教头：军卒、军校，都属于宋代低级武官。

④部押：率领，带领。

⑤检喝：在宋代，验尸者要在尸体现场把检验情况当着众人的面唱报出来，由书吏当场记录，叫做检喝。

⑥邻保：邻居和保长。

⑦诣：到。

⑧出脱：遗漏，隐瞒。

【译文】凡接到公文出去检验，需要带上凶手随行的，要派本地有家眷田产、以往无犯罪记录的军校，率领公差看押凶手。如果到了案发现场，必须命令仵作当着凶手的面，对尸体进行仔细检验并大声唱报出验尸情况。检验完毕，要令仵作、差役对邻人、保长当面做出保证，不可把凶手关到县监狱里，以防串通倒弄的弊端发生。如果还没有捕获凶手，就以邻人、保长为验尸见证人。所有验尸记录，初、复检官员不可泄露，检验官还必须亲到尸体现场，监督仵作唱报验尸情况，防止他们隐瞒或漏掉重要的损伤处。

　　凡检官遇夜宿处，须问其家是与不是凶身血属①亲戚，方可安歇，以别嫌疑。

　　凡血属入状乞免检，多是暗受凶身买和，套合公吏入状。检官切不可信凭，便与备申，或与缴回格目②。虽得州县判下，明有公文照应，犹须审处，恐异时③亲属争钱不平，必致生词，或致发觉，自亦例被，污秽难明。

　　凡行凶器仗④，索之少缓，则奸因之家藏匿移易，妆成疑狱，可以免死，干系甚重。初受差委，先当急急收索，若早出官又可参照痕伤大小阔狭，定验无差。

【注释】①血属：有血缘关系的亲属。

②缴回格目：收回验尸表格。

③异时：他日，他时。

④器仗：器械，器具。

【译文】凡检验官遇到夜间需要住宿的，必须问清所要住宿的人家是不是与凶手有血缘关系的亲属，这样才能住下，以免产生嫌疑。

大凡与死者有血缘关系的亲属请求免检，多是暗中被凶手买通，串通吏役呈递的状子。检验官切不可听信，便备文申报免检，或收回还未填写的验尸报告。即便州县批准了，并且已发出明文，也需要谨慎处理，以防他日死者因分钱不均而发生诉讼，或者问题暴露，检验官受到牵连，污秽一身，难以辩明。

凡行凶器物，收缴稍慢一步，习滑的凶徒就会把凶器藏匿转移，这样就可以伪装成疑案，逃脱死罪，这样问题就大了。所以，验尸官一接到委派任务，就一定先要急忙收缴凶器，如果凶器能够早早地收缴到，可以将它与伤口的形状、大小、宽窄作比照，以保证检验无误。

凡到检所，未要自向前，且于上风处坐定。略唤死人骨属^①，或地主、（湖南有地主他处无）竞主^②，审问事因了，点数干系人^③及邻保，应是合于检状^④着字人^⑤齐足^⑥。先令札下^⑦硬四至^⑧，始同人吏^⑨向前看验。若是自缢，切要看吊处及项上痕；更看系处尘土，曾与不曾移动，及系吊处高下，原踏甚处，是甚物上得去系处；更看垂下长短，项下绳带大小，对痕宽狭，细看是活套头、死套头，有单挂十字系^⑩，有缠绕系^⑪，各要看详。若是临高扑死^⑫，要看失脚处土痕踪迹高下。若是落水淹死，亦要看失脚处土痕高下，及量水浅深。

【注释】①骨属：死者的亲属，俗称"苦主"。

②竟主：行凶者的亲属。

③干系人：与案件有关的人。

④检状：验尸报告。

⑤着字人：签字人。

⑥齐足：齐全，全部到场。

⑦札下：记下，写下。

⑧硬四至：古代把陆地上四方接界的地方叫"硬四至"，水面的叫做"软四至"。这里指尸体与四周明显标志物之间的距离。

⑨人吏：即前面提到的厅子、虞侯、仵作、书吏等。

⑩单挂十字系：项上只有一圈绳索，叫做单挂。十字系：十字扣，是用绳索结成的单扣。

⑪缠绕系：项上缠绕二圈及二圈以上的绳索，叫做缠绕系。

⑫扑死：扑跌而死。

【译文】凡到了检验地点，验尸官不要马上前去验尸，可先在上风的地方坐好，传唤死者亲属或地段负责人（湖南有地段负责人，其他地方没有）、凶手亲属，简明扼要地询问一下事情的起因经过，点齐案件嫌疑人、邻人、保长、应该在验尸报告上签字的人，先记下尸体四周的明显标志物，然后同仵作、书吏一起前去察验。如果是上吊自杀，一定要察验上吊的地方及脖子上的吊痕；接着察验吊绳的灰尘，吊绳是否移动过及吊绳与地面的距离，上吊时踩在什么地方，踩着什么物体才能够到绳索；还要看吊绳垂下多长，套在脖子上的绳索粗细是多少，对照验看是否与死者脖子上的勒痕宽窄相同，仔细察看上吊的绳索打的是活结还是死结，是单圈十字结，还是多圈缠绕结，都要看清楚。如果是从高处跌落摔死，要看失脚地点的土痕与脚印周围的土痕是否一致。如果是落水淹死，也要察看失脚地点泥土痕迹的高低，以及测量水的深浅。

其余杀伤病患，诸般非理死人，札四至了，但令扛舁①明净处，且未用汤水酒醋，先干检一遍。仔细看脑后、顶心②、头发内，恐有火烧钉子③钉入骨内。（其血不出，亦不见痕损）更切点检眼睛、口、齿、舌、鼻、大小便二处，防有他物④。然后用温水洗了，先使酒醋蘸纸搭头面上、胸胁、两乳、脐腹、两肋间，更用衣被盖罨⑤了，浇上酒醋，用荐席罨一时久，方检。不得信令行人只将酒醋泼过，痕损不出也。

【注释】①扛舁：扛抬。

②顶心：头顶，脑门。

③火烧钉子：用火烧热的钉子。钉子钉入人体会出血，但用烧热的钉子钉入人体，伤口出血则不明显，或不出血。

④他物：异物。

⑤罨：掩盖，覆盖。

【译文】其他的因杀伤、病患等各种非正常死亡的人，验尸官记下尸体四周的相关事物后，就令人把尸体抬到明亮干净处，暂且不要使用热水、酒醋擦洗尸体、两胁等处。先干检一遍，仔细察看脑后、脑门、头发内，有没有火烧过的钉子钉入头骨的。（凡是烧热的钉子钉入人体，伤口不出血，伤口也不明显）还要仔细察看眼睛、口腔、牙齿、舌头、鼻孔、生殖器、肛门，以防有异物残留。然后用温水擦洗尸体，先用纸蘸取酒醋覆盖在尸体头面、胸胁、两乳、脐腹、两肋等处，再用衣服、被子把尸体盖好，浇上酒醋，用草席覆盖一个时辰之久，然后就可以验尸了。验尸官切不可放任仵作、差役草率地用酒醋泼过便完事，这样，伤痕是显现不出来的。

三 检复总说下

【题解】本节是检验总则的第二节，主要交代了检验官在检验各种尸体时的注意事项，如要亲力亲为，不可听任仵作；验尸报告的书写要详细清楚；验尸要验出一处致命伤痕；区别病死与殴伤死；要及时解送犯人，以免被人买通；对于四邻的证词，不可一味相信等。

检验记录和检验报告是法医学尸体检验鉴定的重要文书，也是朝廷司法机关审判断案的凭证。只有足够重视验尸记录和报告，才能保证司法的公正合理。在本节中，宋慈特别强调检验记录和检验报告的填写一定要清楚明白。例如，检验报告上不用"皮破血出"的字样，要写成"皮微损，有血出"；对于致命伤，有骨折的就说有骨折，骨没有折断的不说"骨不折"，以免混淆；有些刁顽的囚犯，不愿在凶手一栏填写姓名的，可以先在让他们在"被执人"一项下签字画押，待到证实确实是凶手时再让他们在凶手一栏填写。

凡检验，不可信凭行人，须令将酒醋洗净，仔细检视。如烧死，口内有灰；溺死，腹胀，内有水；以衣物或湿纸搭口鼻上死，即腹干胀；若被人勒死，项下绳索交过①，手指甲或抓损；若自缢，即脑后分八字，索子不交②；绳在喉下，舌出；喉上，舌不出。切在详细。自余伤损致命，即无可疑。如有疑虑，即且捉贼③。捉贼不获，犹是公过④。若被人打杀，却作病死，后如获贼，不免深谴。

【注释】①交过：交叉。这句是说如果人被勒死，颈部留有绳索交叉的痕迹。

②脑后分八字，索子不交：古代法医学又称"八字不交"。自己吊死的，绳索从颈前对称地绕向颈部两侧，斜行向上，在两耳根处，上提悬空，所以脑后会留下不相交的"八"字形索痕。

③捉贼：捉拿凶手。贼：泛称坏人。

④公过：失职。

【译文】凡检验，不能一味地听信仵作，必须叫他们用酒醋将尸体洗净，仔细验看。如果是烧死，死者的口腔内有灰；如果是淹死，死者肚腹膨胀，内有积水；如果是用衣服或湿纸盖在口鼻上闷死的，死者肚腹干胀；如果是被人勒死的，脖子上必然留有绳索交错的痕迹，甚至会留下指甲痕和抓损痕；如果是自缢而死，脑后会留有八字形的索痕，但索痕不相交；绳索套在喉结以下部位的，舌头会伸出来；绳索套在喉结以上部位的，舌头不伸出。关键在于认真详细地检验和观察。如果确实是自己伤损致命，就没有必要怀疑他人了。如果有疑虑，不要草率行事，而是要等到捉到凶手后再做定夺。捉不到凶犯，算作失职。如果是被人打死，却验作病死，即使以后捉到凶犯，也免不了受到严重处分。

凡检验文字，不得作"皮破血出"。大凡皮破即血出，当云"皮微损有血出"。

凡定致命痕⑤，虽小当微广②其分寸③。定致命痕，内骨折，即声说；骨不折，不须言"骨不折"，却重害也。（或行凶器杖未到，不可分毫增减，恐他日索到异同）

凡伤处多，只指定一痕系要害致命。

凡聚众打人，最难定致命痕。如死人身上有两痕，皆可致命，此两痕若是一人下手，则无害；若是两人，则一人偿命，一人不偿命。须是两痕内，斟酌得最重者为致命。

【注释】①致命痕：致死的伤痕。

②微广：稍微扩大。

③分寸：大小。

【译文】写在验尸报告上的文字，不能写"皮破血出"字样。因为大凡皮破就会出血，应当写作"皮微损，有血出"。

凡定致命伤痕，伤痕即使很小也不可以稍微扩大其分寸大小。对于致命伤，骨折的，就说骨折；没有骨折的，不必说"骨不折"，以免被误解成没有致命伤。（如果凶器还没有索获，对于伤痕的确定就不能有分毫的增减，以防他日索获后有所不同）

凡受伤处多的，只指定一处伤痕为要害致命伤。

凡聚众斗殴的，最难确定致命伤。如果死者身上有两处伤痕，均是致命伤，而这两处伤痕如是一个人打的，就没有疑义，但如果是两个人打的，则一个人要偿命，一个人不偿命。所以，必须在两处伤痕中斟酌出一个最重的作为致命伤。

凡官守戒访外事①。惟检验一事，若有大段疑难，须更广布耳目以合之，庶几无误。如斗殴限内身死，痕损不明，若有病色，曾使医人、巫师②救治之类，即多因病患死。若不访问，则不知也。虽广布耳目，不可任一人，仍在善使之，不然，适足自误。

凡行凶人不得受他通吐③，一例④收人解送⑤。待他到县通吐后，却勾追⑥。恐手脚下人，妄生事搔扰也。

【注释】①外事：本职以外的事。

②巫师：巫师，巫婆。

③通吐：招供，供述。

④一例：一律。

⑤解送：押送。

⑥勾追：捉拿，缉拿。

【译文】凡居官守职，严禁探访外事。惟独检验一事，如果遇有疑难大案，必须要广布耳目探访情况并加以印证，才可能避免错误。如果在斗殴担保期限内身死，伤痕又不明显，并且死者面带病色，曾经有医生、巫师之类的救治过的，很可能是因病而死。像这些情况，如果不探访就不知道。虽然广布耳目，也不可只听信一人，关键在于善用使用它们，不然，只是自惹祸端，出现错误。

凡行凶人，捕获后不要让他们立刻吐供，要一律先派人押解到县里。等把他押到县里吐供后，再缉拿其他的嫌疑人，以防差役吓人等妄自生事，骚扰乡民。

凡初、复检讫，血属、耆正副①、邻人，并责状看守尸首。

切不可混同解官②，徒使被扰。但③解凶身、干证④。若狱司⑤要人，自会追呼。

凡检复后，体访⑥得行凶事因，不可见之公文者，面白长官，使知曲折，庶易勘鞫⑦。

【注释】①耆正副：在宋代，地方上可以挑选有勇力的人协助官府缉拿罪犯、维护治安，这种人叫做"耆长"。耆长，有正副。

②解官：押送犯人的官员。

③但：仅，只。

④干证：目击者，证人。

⑤狱司：公堂，法庭。

⑥体访：体察，探访。

⑦勘鞫：勘查，审讯。

【译文】凡初检、复检完毕，要责令死者亲属、耆长、邻人等看守尸体，切不可混同凶犯一起押送官府，白白地使他们受到骚扰。只押送凶犯和证人就行了，如果刑狱司要找人，自会派人去传讯。

凡初检、复检完毕，探访出杀人缘由的，不要写到公文上，要当面报告长官，使其知晓案情的曲折，以方便他容易审理案件。

近年诸路①宪司②行下，每于初、复检官内，就差一员兼体究③。凡体究者，必须先唤集邻保，反复审问。如归一，则合款供；或见闻参差④，则令各供一款。或并责行凶人供吐大略，一并缴申本县及宪司，县狱凭此审勘，宪司凭此详复。或小有差互，皆受重责。簿、尉既无刑禁，邻里多已惊奔，若凭吏卒开口，即是私意。须是多方体访，务令参会归一⑤。切不可凭一二人口说, 便以为信, 及备三两纸供状, 谓可塞责。况其中不识字者, 多出吏人代书; 其邻证内, 或又与凶身是亲故⑥, 及暗受买嘱符合者, 不可不察。

【注释】①路: 宋朝的行政区划, 相当于今天的"省"。

②宪司: 提刑司。

③体究: 体察, 探究, 即断案前的调查研究工作。

④参差: 有出入, 有误差。

⑤参会归一: 把察访到的情况汇总分析、归纳研究。

⑥亲故: 亲属朋友。

【译文】近年各省的提刑司向下发下公文规定, 每次要在初检、复检的官员中, 委派一个充任探访人员。凡负责体察探究的人, 必须先召集邻人、保长等, 反复审问。如果供词一致, 就让他们合写在一张供状上; 如果供词不一致, 就让他们写到不同地状纸上; 或同时责令行凶人供述一个大概, 连同证人的证词一起报送给上级。县里、提刑司以及县狱都要借助于此审理案件。如果呈报的供状略有偏差, 呈报人、县狱以及提刑司都要受到重责。有些主簿、县尉滥用职权, 刑讯逼供, 邻人百姓多因惊怕而逃避。这种情况下, 如果只让差役、军卒开口讲述案情, 那他们所讲的多是一己私意, 不可偏听偏信。应当多方探访, 将所探访的信息归纳分析、相互参证, 从而得出一个正确的结论。切不可只听信一二个人的说词或凭借三两纸供状, 就敷衍了事。况且证人中有不识字的, 供状多是请书吏代写; 其中有些可能又与凶犯沾亲带故, 或暗中被凶犯买通做假证的, 不可不详细审察。

随行人吏及合干人，多卖弄四邻，先期纵其走避，只捉远邻或老人、妇人及未成丁人①塞责。（或不得已而用之，只可参互审问，终难凭以为实，全在斟酌）又有行凶人恐要切干证人真供，有所妨碍，故令藏匿；自以亲密人或地客②、佃客③出官④，合套诬证，不可不知。

顽囚多不伏于格目内凶身下填写姓名押字⑤；公吏有所取受，反教令别撰名色，写作被诬或干连⑥之类，欲乘此走弄出入。近江西宋提刑⑦重定格目，申之朝省，添入被执人一项。若虚实未定者，不得已与之就下书填；其确然是实者，须勒令签押于正行凶字下。不可姑息诡随⑧，全在检验官自立定见⑨。

【注释】①未成丁：未成年男子。

②地客：打长工的人。

③佃客：佃户。

④出官：宋代，把到官府作证，叫做出官。

⑤押字：签字画押。

⑥干连：牵连，牵涉。

⑦江西宋提刑：江西姓宋的提刑官。

⑧姑息诡随：放纵迁就。

⑨自立定见：自己立定主见。

【译文】随行的吏役及有关人员，常常被买通，放走周围的近邻，只提拿些远邻、老人、妇女以未成年男子来搪塞敷衍。（如果在不得已情况下使用他们的口供，一定要比照细审，即使如此，终究也难以作为真凭实据，至于可信度有多少，那就全在检验官自己斟酌定夺了）又有一些凶犯害怕证人供述实情，对自己不利，就故意令他们藏匿起来，而是自己找一些关系亲密的人或长工、佃户出来作证，这些都是早已串通好的，不可不细察。

凶顽的囚犯很多不认罪伏法，不肯在验尸表格"凶身"一栏内签名画押，更有一些官吏有所勒索受贿，反教唆罪犯玩弄花样，写作被人诬陷或受人牵连之类，欲借此扳动案情，逃脱罪责。近来江西的宋提刑重新修订验尸表格，并上报朝廷，添加"被拘捕人"一栏。如果难以确定凶犯是谁，不得已时就先让他在这一栏内填写；如果已确定谁是真凶，就必须命令他在正栏"行凶人"内签字画押，绝不可姑息迁就，这全在于检验官自己立定主见。

四 疑难杂说上

【题解】刀刃伤、他物伤、拳脚伤、自缢、被人勒死、自己投水和病死是宋慈《洗冤集录》一书所列举的八种常见死因。其中,被人勒死却像自己上吊,被人溺杀却像自己投水,斗殴受伤在保辜期限内身死看似被打伤致死实则因病而死,男女仆婢因被主人责罚却在主人家上吊自杀等,都是比较复杂、疑难甚多的案件。面对这种案件,一定要"临时审察,切勿轻易",不然放过一点蛛丝马迹,就可能铸成大错。要想避免犯下检验错误,检验人员必须有过硬的专业技术、过强的业务本领和认真负责的精神、以小见大的细心与专心致志的耐心。

面对这些疑难案件,应该怎样检验呢? 文中以身上不见伤痕的尸体为例,提醒检验官:如果是妇女,身体不见伤痕,要留心察看阴门,刀可能会从那里插进去;如果是男子,就要留心察看他的顶心有无平头钉,肛门有没有硬物。这可以看出宋慈的仔细认真程度和他本身具有的丰富的检验经验。再如验刀刃伤,宋慈强调要看内外伤口,大的一端是刺入口,小的一端是刺出口。这一观念几乎与现代法医学的理论相同,可见宋慈检验水平的高超和《洗冤集录》这本书极具前瞻性。

最后，宋慈用一个事例：二人上山开山种栗，却都死在了山里。随身衣物都在。一具尸体死在茅屋外，后颈骨折断，头面上都有刀伤。一个死在茅屋内，左项下、脑后都有刀伤。众人都说两人斗殴而死，死在外面的是先受伤而死，死在屋内的是自杀。但有一位官员认为，说两人相殴而死讲不通。原因在于从常理来推测"焉有自用刀于脑后者"？几天后，捕捉到一人，经审讯得出因仇杀而杀死二人的结论。这个案例，告诉我们验尸除了重实证外，也要重逻辑推理，只有对每个伤痕都能做出正确合理的解释时，才能得出正确、客观的检验结果。

凡验尸，不过刀刃杀伤与他物斗打、拳手殴击，或自缢、或勒杀、或投水、或被人溺杀、或病患数者①致命而已。然有勒杀类乎②自缢；溺死类乎投水；斗殴有在限内致命而实因病患身死；人力、女使因被捶挞③，在主家自害、自缢之类。理有万端，并为疑难。临时审察，切勿轻易，差之毫厘，失之千里。

凡检验疑难尸者，如刃物所伤透过④者，须看内外疮口，大处为行刃处，小处⑤为透过处。如尸首烂，须看其原衣服，比⑥伤着去处。尸或覆卧，其右手有短刃物及竹头之类，自喉至脐下者，恐是酒醉撺倒⑦，自压自伤。如近有登高处或泥，须看身上有无财物，有无损动处，恐因取物失脚自伤之类。

【注释】①数者：指上述八种致死原因。
②类乎：相似，相类。

③捶挞：鞭挞，棒打。

④透过：即透过伤，又称贯通伤、刺伤，是刀剑类利器顺着人体组织的纵轴刺入人体所形成的伤。

⑤大处、小处：大处是透过伤的刺入口，小处是透过伤的刺出口。因透过伤的刺入口比刺出口大，故一名"大处"，一名"小处"。宋慈在这里指出检验"刃物"致死的尸体时，要检验其内外伤口，刺入口较大，刺出口较小，这一理论，至今仍在沿用。

⑥比：比照，对比。这里指将衣服上的刺破口与尸体的伤口相比照来检验推断。

⑦撺倒：跌倒，摔倒。

【译文】凡验尸，一般不外乎刀刃杀伤与他物伤、拳脚伤或上吊自杀，或被人勒死，或投水自杀，或被人溺杀，或因病而死这几种致死的原因。但有被人勒死却似上吊自杀，被人溺死却似自己投水的；斗殴受伤在担保期内死亡，实际却是因病而死的；仆役、女婢因被责罚而在主人家自杀上吊之类。致死的原因多种多样，使案件往往变得复杂疑难。现场检验必须仔细认真，不可轻率玩忽，要知道"差之毫厘，失之千里"。

凡检验疑难尸体，如果是刀刃造成的透过伤，须察看内外伤口，大的伤口是刺入伤，小的伤口是刺出伤。如果尸体腐烂，必须将衣服上的刺破处与伤口对照察看；尸体趴卧在地上的，如果右手握有短刀或竹头之类，且尸体从脖子到肚脐下都留有刺伤，那这很可能是因酒醉跌倒，自压自伤而死；如果尸体附近有登高处或泥土，需要察看死者身上有没有钱物以及周围的物体有没有损折的地方，这可能是死者因取物时不小心失脚自行摔死的。

检妇人，无伤损处，须看阴门，恐有自此入刀于腹内。离皮浅则脐上下微有血沁，深则无。多是单独人①、求食妇人②。

如男子，须看顶心，恐有平头钉；粪门，恐有硬物自此入。多是同行人，因丈夫年老、妇人年少之类也。

凡尸在身无痕损，唯面色有青黯③，或一边似肿，多是被人以物搭口鼻及罨捂杀④。或者用手巾、布袋之类绞杀，不见痕，更看项上肉硬即是。切要者：手足有无系缚⑤痕，舌上恐有嚼破痕，大小便二处恐有踏肿痕。若无此类，方看口内有无涎唾，喉间肿与不肿。如有涎及肿，恐患缠喉风⑥死，宜详。

若究得行凶人当来有窥谋，事迹⑦分明，又已招伏，方可检出。若无影迹，即恐是酒醉卒死⑧。

【注释】①单独人：独身妇人。

②求食妇人：在外谋生的妇人。

③青黯：淤紫。

④捂杀：捂住口鼻闷死。

⑤系缚：捆绑。

⑥缠喉风：古代中医学上的病名，现代医学称之为"急性喉阻塞"。

⑦事迹：事实证据。

⑧卒死：同"猝死"。

【译文】检验妇人的尸体，如果不见伤痕，需要察看阴道，可能会有人从这里把刀刺入腹内。刺得浅，离肚皮近的，则肚皮附近会微显血痕；刺得深，离肚皮远的，则没有血痕显现。这种情况多发生在单身妇女、在外谋生的妇女身上。

如果检验男子的尸体，需要察看其头顶有没有平头钉，肛门有没有硬物。这种情况多发生在同行居住的人之间，因为丈夫年老、妻子年少，因通奸而杀人。

凡尸体周围不见伤痕，只是脸色青紫或脸的一边好像肿胀的，多是被人以物体捂住口鼻憋闷而死；或者被人用毛巾、布袋之类的东西勒死，看不见伤痕，则要察看死者脖子上的肉是否变硬，硬者为被勒杀。必须要留心察看的是：手脚有没有被绑缚的痕迹；舌头有没有咬破痕；大小便二处有没有肿胀痕。如果没有这些情况，就要察看嘴里有没有流涎、喉咙是不是肿胀，因为有些可能是因为"缠喉风"这种病而死的，一定要详细查验。

如果查究出凶手有窥伺机时机图谋害人的，事实证据清楚充实，且本人已经招认伏罪，这样才能下定结论断案。如果没有什么迹象，则很可能是因酒醉而突然死亡的。

多有人相斗殴了，各自分散。散后，或有去近江河、池塘边，洗头面上血、或取水吃，却为方相打了，尚困乏，或因醉相打后，头旋落水淹死。落水时尚活，其尸腹肚膨胀，十指甲内有沙泥，两手向前，验得只是落水淹死。分明其尸上有殴击痕损，更不可定作致命去处，但一一札上验状，只定作落水致命，最捷。缘打伤虽在要害处，尚有辜限，在法虽在辜限内及限外以他故死者，各依本殴伤法。（注：他故谓别增余患而死者）今既是落水身死，则虽有痕伤，其实是以他故致死分明。曾有验官为见头上伤损，却定作因打伤迷闷，不觉倒在水内。

却将打伤处作致命，致①招罪人②翻异③不绝。

更有相打散，乘高扑下卓死亦然。但验失脚处高下，扑损痕瘢、致命要害处，仍须根究曾见相打分散证佐人④。

凡验因争斗致死，虽二主分明，而尸上并无痕损，何以定要害致命处？此必是被伤人旧有宿患⑤气疾⑥，或者未争斗以前，先曾饮酒至醉，至争斗时有所触犯，致气绝而死也。如此者，多是肾子⑦或一个或两个缩上不见，须用温醋汤蘸衣服或棉絮之类罨一饭久，令仵作、行人以手按小腹下，其肾子自下，即其验也。然后仔细看要害致命处。

【注释】 ①致：使，致使。

②招罪人：认罪认，被定罪人。

③翻异：翻案，要求重新审理案件。

④证佐人：证人。

⑤宿患：旧病，痼疾。

⑥气疾：中医学上的病名，如气厥、气亏等都可算作"气疾"。

⑦肾子：睾丸。

【译文】 也有这种情况，几个人斗殴结束，各自分散。散后，有人去附近的江河、池塘边，洗头面上的血迹，或者取水喝，却因为方才相互斗殴，身体困乏，或者因为酒醉互相斗殴后头晕目眩，掉入水中淹死的。落水时还活着的，尸体的肚腹会有所膨胀，十个指甲里有泥沙，两手伸向前，如果这样只能验作自己落水淹死。如果尸体有明显的殴伤痕，但不能断定为致命痕的，要一一记在验尸报告上，作为落水淹死，最为便捷。因为殴伤虽在要害之处，但殴伤有担保期，法律规定凡殴伤在担保期内及担保期外因其他缘故死亡的，各按殴伤罪论处。（注：其他缘故指因另外增加疾病而死亡的）现在既然是落水淹死，虽然身上有伤痕，其实是因为其他缘故而死是非常清楚明的了。曾经有验尸官，因为看见死者头上有损伤，就验作因斗殴被打伤后晕迷落水致死。这种将打伤当作致命伤痕的验定结果，致使被定告人不断翻案。

更有斗殴结束分散后，从高处摔下跌死的，也是这样。这种情况要验看失脚地方的高下、摔伤的瘢痕、致命要害所在等，还要查问曾经目睹斗殴经过的证人。

凡检验因争斗而死的尸体，虽然殴打双方很清楚，但尸体上却没有伤痕，这如何验定要害致命处呢？这必定是被打的人以前就患有"气疾"等病或者斗殴前，已经酒醉，斗殴时恰好触犯了病患，以致气绝而死。如果这样，多是睾丸一个或两个上缩不见，须用温醋蘸衣服或棉絮之类，覆盖一顿饭的功夫，再命令仵作、吏役用手按压死者小腹以下，缩上去的睾丸自然会伸出来。这就可以证明死者是气绝而死的了。之后再仔细察看死者的要害致命处。

昔有甲乙同行，乙有随身衣物，而甲欲谋取之。甲呼乙行，路至溪汀，欲渡中流，甲执乙就水而死。是无痕也。何以验之？先验其尸瘦劣、大小，十指甲各黑黯色，指甲及鼻孔内各有沙泥，胸前赤色，口唇青斑，腹肚胀。此乃乙劣而为甲之所执于水而致死也。当究甲之原情，须有赃证，以观此验，万无失一。

又有年老人，以手搇之，而气亦绝，是无痕而死也。

有一乡民，令外甥并邻人子将锄头同开山种粟。经再宿^①不归，及往观焉，乃二人俱死在山。遂闻官^②。随身衣服并在。

牒官验尸。验官到地头，见一尸在小茅舍外，后项骨断，头面各有刃伤痕；一尸在茅舍内，左项下、右脑后各有刃伤痕。在外者，众曰"先被伤而死"；在内者，众曰"后自刃而死"。官司但以各有伤，别无财物，定两相拼杀。一验官独曰："不然，若以情度情，作两相拼杀而死，可矣；其舍内者，右脑后刃痕可疑，岂有自用刃于脑后者？手不便也。"不数日间，乃缉得一人，因仇拼杀两人。悬案明，遂闻州，正极典③。不然，二冤永无归矣。大凡相拼杀，余痕无疑，即可为检验。贵在精专，不可失误。

【注释】①再宿：本义为连住两宿，借指两夜或两天。

②闻官：报官。

③正极典：判死刑，意思相当于今天的"明正典刑"一词。

【译文】以前有甲乙两人同行，乙随身带有衣服、财物，甲想谋害他。甲叫乙跟着他走，行到河中间时，甲便把乙按在水中淹死了。这样的尸体是没有痕迹的，如何验定呢？只要检验出死者身体瘦弱、矮小，十个指甲及鼻孔里有泥沙，胸部呈赤色，嘴唇有青斑，肚腹膨胀，就可以断定因为乙身单力薄而被甲按入水中淹死的了。还要追查甲作案时的缘由经过，再配合赃证，将其与检验结果相互验证，就会万无一失了。

还有老年人，被捂住口鼻，气绝而死，尸体上也不会留有痕迹。

有一个乡民，让自己的外甥和邻居的儿子一同上山开荒种粟。过了两夜还没回来，他就赶到山上，发现两人都死在了山里。于是，他就报官。死者的衣物都在。验尸官接到任务，赶到验尸现场后发现，一具尸体在茅屋外面，后脖颈骨折断，头脸上都有刀伤。一具尸体在茅屋内，脖颈左侧下方、后脑右侧都有刀伤。在屋外的，众人都说"身被砍伤而死。"在屋内的，众人都说"砍伤对方后自杀而死"。官府只以两具尸体各有伤痕，且没有财物损失，遂定为互相拼杀而死。但有一个官员独持异议："不对，以常理推测，验定互相拼杀而死，可以；在屋内的尸体，右脑后的刀伤很可疑，哪有自己用刀砍杀自己后脑的道理？那样，手不方便啊！"没过几天，捕获一人，这个人因为私仇杀害了二人。县里备案申报给州府，凶犯明正典刑。不然，这二人的冤死就永远无法昭雪了。大凡互相拼杀而死，必须对所有伤痕没有疑问时才可以下定检验结论。验尸断案贵在精细专深，不可失误出错。

卷之二

五 疑难杂说下

【题解】本节是疑难杂说篇的下篇，主要以具体案例说明仔细办案和以事实真相服人的必要性，并论述了生前伤与死后伤的差异和不得随意定为病死的重要性。

案例一是利用苍蝇驱血的习性当众验刀破案。这是古代断案事例中的有名案例。未洗净的杀人凶器有血腥味，能引来嗅觉灵敏的苍蝇，为侦查指出方向。在科学技术尚不发达的古代，这种生物识别法不可不谓之有效新颖。但是，苍蝇叮食的东西，未必都是血腥，即使是血腥，也不一定就是人血，即使是人血，也不一定与本案有关，所以以这种方法来识别凶器太过简单，也存在很大的局限性。

案例二是运用有无呼吸这一生命现象检验生前溺水死亡。用清洁的温水冲洗死者颅骨，如果有泥沙从鼻孔流出就是生前溺死，死后投入水中的就没有这种现象，因为即使有水压等作用，但由于人已停止呼吸，泥沙也无法进入消化道和呼吸道。

案例三是利用个人体表特征来识别死者。这种识别法是法医学检验鉴定的一项重要内容。所谓个体特征，包括尸体外貌、发育情况、纹身、痣、疣、疤痕等。本案死者小道童生前是"鸡胸而矮小"，被杀害后，由于尸体高度腐烂而无法辨认，只得检验尸骸，当发现与"鸡胸而矮小"的身体特征相符合的尸骸时方才定案。这说明宋慈验尸不仅重视犯罪嫌疑人的口供，而且非常重视事实证据，只有二者一致才可定案。

宋慈还告诫人们"遇到没有损伤的尸体，不要随便验作病死"。要先叫死者亲属出具死者生前没有受伤的书面保证，然后剃除死者的头发，看是不是有人以铁钉钉入死者的囟门或头顶等隐秘部位致死的。

有检验被杀尸在路旁，始疑盗者杀之，及点检沿身①衣物俱在，遍身镰刀斫伤②十余处。检官曰："盗只欲人死取财，今物在伤多，非冤仇而何？"遂屏③左右，呼其妻问曰："汝夫自来与甚人有冤仇最深？"应曰："夫自来与人无冤仇，只近日有某甲来做债④，不得，曾有克期⑤之言，然非冤仇深者。"检官默识⑥其居，遂多差人，分头告示侧近居民："各家所有镰刀尽底将来，只今呈验。如有隐藏，必是杀人贼⑦，当行根勘⑧。"俄而，居民赍到⑨镰刀七八十张。令布列地上。时方盛暑，内镰刀一张，蝇子飞集。检官指此镰刀问："为谁者？"忽有一人承当，乃是做债克期之人。就擒讯问，犹不伏。检官指刀令自看："众人镰刀无蝇子，今汝杀人，血腥气犹在，蝇子集聚，岂可隐耶？"左右环视者失声叹服，而杀人者叩首服罪。

【注释】①沿身：周身，随身。

②斫伤：砍伤。

③屏：屏退。

④做债：借钱。

⑤克期：规定日期，限期。

⑥默识：默默记住，暗自记下。

⑦杀人贼：杀人犯。

⑧根勘：追查到底，查个究竟。

⑨赍到：带来，带到。

【译文】 有个验尸官检验被杀死在路边的尸体，起初怀疑是强盗所为，等到查点发现死者衣服、财物都在，全身有十几处镰刀砍伤的伤痕后，就改变了原来的态度。验尸官说："强盗杀人是为了劫取财物，现在物在伤多，不是仇杀是什么呢？"于是，遣退左右，传唤死者的妻子问道："你丈夫平时与什么人冤仇最深？"回答："我丈夫平时没有什么仇人，只是近日某甲来借钱，没有借给他，他扬言说要限期来取，但也说不上冤仇深。"验尸官暗自记下某甲的住处，派人分别通知附近的邻居："各家的所有镰刀都必须上缴，以便检验。如果藏匿不缴，那就是凶手，官府定会追查到底。"不久，居民共送来镰刀七八十张。令把镰刀陈列于地。当时是盛暑时节，其中的一把镰刀上飞满苍蝇。验尸官指着这把镰刀问："这是谁的？"忽然有一人出来认刀，就是那个没借到钱却扬言限期取钱的人。当场逮捕讯问，仍不认罪。验尸官指着镰刀让他自己看："大家的刀上都没有苍蝇，现在你杀了人，刀上留有血腥味，所以苍蝇聚集到镰刀上，真相岂可隐瞒？"左右围观的人皆失声叹服，凶犯也磕头认罪。

昔有深池中溺死人，经久，事属大家^①因仇事发。体究官见皮肉尽无，惟髑髅^②、骸骨尚在，累^③委官^④不肯验，上司督责至数人，独一官员承当。即行就地检骨，先点检见得其他并无痕迹。乃取髑髅净洗，将净热汤瓶细细斟汤，灌从脑门穴入，看有无细泥沙屑自鼻窍中出，以此定是与不是生前溺水身死。盖生前落水，则因鼻息取气^⑤，吸入沙土，死后则无。

【注释】①事属大家：事情关系到一个大户人家。事属：关涉，关联。大家：大户人家。

②髑髅：即骷髅，死人的头骨。

③累：多次，数次。

④委官：委派官员。

⑤鼻息取气：用鼻子呼吸。

【译文】从前有个在深池中淹死的人，经过很久，都没有被发现。这件事情关系到一个大户人家，原想隐瞒不报的，后来却因与人结仇被告发。预审官看到尸体皮肉都没了，只剩头骨、骸骨还在，多次派官都没人愿意前来验尸，上级督促责罚了好几个人，终于有一个官员接受了任务。当即现场查验尸骨，却没发现尸骨有任何的损伤痕迹。于是，他将颅骨洗净，用盛着干净热水的瓶子，把水倒入囟门，看有没有细泥沙从鼻孔中流出，以此来验定死者是不是生前被淹死的。因为生前落水，用鼻孔呼吸，会吸入泥沙，如果是死后被推入水中的就不会有这种现象。

广右^①有凶徒谋死小童行,而夺其所赍^②。发觉,距行凶日已远。囚已招伏:"打夺就推入水中。"尉司打捞已得尸于下流,肉已溃尽,仅留骸骨,不可辨验,终未免疑其假合^③,未敢处断。后因阅案卷,见初检体究官缴到血属所供,称其弟原是龟胸^④而矮小。遂差官复验,其胸果然,方敢定刑。

【注释】①广右:广西。

②夺其所赍:夺取死者身上携带的财物。

③假合:巧合。

④龟胸:鸡胸。

【译文】广西有个凶犯谋杀了一个小和尚,并劫夺了他的随身衣服、财物。等到行凶案发,距离行凶日已隔了很久。囚犯已经招供:"劫取衣服、财物后就把他推入水中。"经县尉司打捞,在河的下游捞到尸体,肉已经腐烂净尽,仅剩骸骨,无法辨认,检验官觉得这是一种巧合,不敢决断处理。后因翻阅卷宗,看见初检官收缴的死者亲属供状上写着他的弟弟是鸡胸且身材短小,于是派官复验,尸骸胸骨果然如此,方敢定判。

南方之民,每有小小争竞^①,便自尽其命,而谋赖^②人者多矣。先以榉树皮^③罨^④成痕损,死后如他物所伤。何以验之?但看其痕里面须深墨色,四边青赤,散成一痕,而无虚肿者,即是生前以榉树皮罨成也。盖人生即血脉流行,与榉相扶而成痕;(若以手按着,痕损处虚肿,即非榉皮所罨也)若死后以榉皮罨者,即苦无散远青赤色,只微有黑色,而按之不紧硬者,其痕为死后罨之也。盖人死后血脉不行,致榉不能施其效。更在审详原情⑤,尸首痕损那边长短,能合他物大小⑥,临时⑦裁之,必无疏误。

【注释】①争竞:争执,争斗。

②谋赖:企图诬赖。

③榉树皮:榉树的皮。榉树:落叶乔木,树皮灰褐色,捣碎或浸泡后汁液呈青紫色,用之涂抹在皮肤上可伪装成被殴打的伤痕。

④罨:覆盖,这里作"涂抹"讲。

⑤原情:本情,情由。

⑥合他物大小:将伤痕与凶器的大小比照,以验证是否是该器所伤。

⑦临时:临场,现场。

【译文】南方之人,常因小小争执就自杀而企图诬赖他人,这样的事例很多。方法是用榉树皮的汁液涂抹在皮肤上伪造出伤痕,然后自杀,这样死后尸体上的伤痕就像被他物所伤的了。这种情况如何检验?只要看到伤痕里面是深黑色,四边是青红色,各自散成一块痕迹,而又没有浮肿的,就是生前用榉树皮伪造的伤痕。因为人活着时血脉流通,与榉树皮相互作用而留下这样的痕迹。(如果用手按压,伤损处有浮肿的,就不是用榉树皮伪造的)如果死后用榉树皮伪造的伤痕,就没有向四周扩散的青红色,只有淡淡的黑色,用手按压不会感到紧硬,这样的痕迹就是死后用榉树皮伪造的。因为人死后血脉不通,导致榉树皮无法发挥效力。详细审察案件的原委经过、尸体上伤痕的大小、凶器与伤口是否对应,只要在现场细心谨慎地检验,就一定不会出现差错。

凡有死尸肥壮无痕损，不黄瘦，不得作病患死；又有尸首无痕损，只是黄瘦，亦不得据所见只作病患死检了，切须仔细验定因何致死，唯此等检验最误人也。

凡疑难检验，及两争之家稍有势力，须选惯熟仵作人，有行止畏谨守分贴司^①，并随马行，饮食水火，令人监之，少休以待其来。不如是，则私请行矣。假使验得甚实，吏或受赂，其事亦变。官吏获罪^②犹庶几，变动事情，枉致人命，事实重焉！

应检验死人，诸处伤损并无，不是病状，难为定验者，先须勒下骨肉次第^③等人状讫，然后剃除死人发髻，恐生前被人将刃物钉入囟门或脑中，杀害性命。

被残害死者，须检齿、舌、耳、鼻内，或手足指甲中，有签刺筹害^④之类。

【注释】①行止畏谨守分贴司：行为谨慎、安守本分的文吏。贴司：宋代掌管文贴的行政机构，这里指掌管文贴的书吏。

②获罪：被定罪，招致罪祸。

③次第：依次，按照次序。

④筹害：谋害。

【译文】凡尸体肥壮、没有伤痕、不黄瘦的，不能验作因病而死；又有一些尸体没有伤痕，只是黄瘦，也不可根据所见到的就当作因病死而检验。一定要仔细验察致死的原因。只有检验这类尸体最容易出错。

凡疑难案件的尸体检验，以及争执双方有财有势的，必须挑选熟练的仵作和行为谨慎本分的书吏，让他们紧随左右不得擅离，其饮食、取水、生火、做饭等事宜，都要命人监督，在等待他们回来的时间，检验官可以稍作休息。不这样，私下请托的事就会发生。即使检验出真实死因，也可能会因吏役的受贿，而改变案情。如果这样，官吏获罪倒在其次，改变案情，冤枉人命，才是大事。

受检验的尸体，各处都没有伤痕，又非因病而死，是很难得出验定结论的，须让死者的亲属依次供述，然后剃掉死者的头发，以防生前被人用尖器钉入囟门或脑中，杀害性命。

被残害的尸体，须检验牙齿、舌头、耳朵、鼻孔以及手脚的指甲里，有无尖利的竹签刺入谋害之类。

凡检验尸首，指定作被打后服毒身死，及被打后自缢身死、被打后投水身死之类，最须见得亲切，方可如此申上^①。世间多有打死人后，以药灌入口中，诬以自服毒药；亦有死后用绳吊起，假作生前自缢者；亦有死后推入水中，假作自投水者。一或差互^②，利害不小。今须仔细点检死人在身痕伤，如果不是要害致命去处，其自缢、投水及自服毒，皆有可凭实迹，方可保明。

【注释】①申上：申报，上报。
②差互：差错。
【译文】凡检验尸体，已被认作被打后服毒自杀及被打后自缢、被打后自行投水而死之类，必须检验出确切结论，方可上报。世上多有打死人后，把药物灌入死者口中却诬陷自己服毒的；也有死后被人用绳索吊起来，伪造生前上吊自杀的；也有死后被人推入水中，假作生前自己

投水而死的。一有差错，关系重大。所以，一定要仔细验看死者身上的伤痕，如果不是要害致命的地方，其自缢、投水以及自己服毒等，必须有充分的证据，才可下定检验结论。

六 初检

【题解】本节讲的是尸体检验的初检,大体概括了初检的程序和注意事项:要详细从实;对手下人的报告要有所分辨,不可一味相信;初检不可说无法检验;尸体周围要作好标记,且要派人看守。

告状切不可信,须是详细检验,务要从实。

有可任公吏使之察访,或有非理①等说,且听来报,自更裁度②。

戒左右人,不得卤莽。

【注释】①非理:非正常死亡。
②裁度:推测,断定。

【译文】对于告状上的记载,切不可相信,必须详细检验,据实裁定。

选派可信任的吏员去察访案情,如果是非正常死亡的,要听完他的汇报后再下结论处理。

告诫手下人,不可鲁莽行事。

初检，不得称"尸首坏烂，不任检验"，并须指定^①要害致死之因。

凡初检时，如体问^②得是争斗分明，虽经多日，亦不得定作无凭检验^③，招上司问难。须仔细定当痕损致命去处。若委是^④经日久变动^⑤，方称尸首不任摆拨^⑥。

【注释】①指定：指明，指出。

②体问：查问。

③无凭检验：无法检验。

④委是：确实，的确。

⑤变动：变化，这里指尸体腐化。

⑥摆拨：拨弄，翻动。

【译文】初检，不得称"尸体腐烂，无法检验"，必须验出要害致死原因。

凡初检时，如果查访得确系斗殴而死，即使时隔很久，也不可定作无法检验，以免招致上级的责难。必须仔细验定出伤痕的致命处。如果确实是日久腐烂，才可说尸体不堪翻动检验。

初检尸有无伤损讫，就验处衬簟^①尸首在物上，复以物盖。候毕，周遭用灰印，记有若干枚，交与守尸弓手^②、耆正副、邻人看守，责状附案，交与复检，免至被人残害伤损尸首也。若是疑难检验，仍不得远去，防复检异同。

【注释】①衬簟：把竹席铺垫在尸体下。簟：竹席。

②弓手：弓箭手，借指地方上维护治安的乡勇。

【译文】尸体初检完后，不管有无损伤，都要在尸体下铺垫竹席，再用东西盖好。等到做完这些事情，在四周打上石灰印，记下石灰印的个数，交与招募的乡勇、保长、邻人等看守尸体，并立刻责令他们填好责任书附夹在案卷里，一同交给复检官，以免被人破坏了尸体。如果是疑难的检验，初检官验完后不得远去，以防复检官复检出不同情况时无法核对。

七 复检

【题解】宋代的验尸制度非常严格，初检后都要由上一级官员复检，非正常死亡和对检验结果有疑义或有遗漏的，甚至可以进行多次检验。

复检要做到：仔细认真，不可徇私舞弊；不能随便否认初检的结果；不是腐烂到无法检验的尸体，不得作"无凭检验"上报；复检结果没有争议的才可把尸体交付死者亲属，如有争议不可把尸体交给死者亲属，应就地挖坑掩埋并作好记号，以备上级第三次复检。

与前检无异，方可保明具申。万一致命处不明，痕损不同，如以药死作病死之类，不可概举①。前检受弊②，复检者乌可不究心③察之，恐有连累矣。

检得与前验些小不同，迁就改正；果有大段违戾④，不可依随⑤。更再三审问干系等人⑥，如众称可变，方据检得异同事理供申；不可据已见便变易。

【注释】①概举：粗略上报。
②受弊：受贿舞弊。
③究心：细心。

④违戾：违背。

⑤依随：跟随，附和。

⑥干系人等：与案件相关的人。

【译文】复检与初检结果相同的，才可备案申报。复检时万一有致命部位不清楚、伤损处与初检不同，如把药死当作病死之类，不可笼统上报。初检官受贿作弊，复检官怎么可以不细心查验，以免连累自己。

如果复检与初检结果略有不同，迁就也好改正也好，都无影响。如果相差悬殊，不可顺从初检结果。需要再三审问案件相关人员，如果大家都说可以变动，才可以把与初检不同的复检结论和初检结论一起上报。不可根据自己的意思，随意改动验尸结论。

复检，如尸经多日，头面胖胀，皮发脱落，唇口翻张，两眼叠出，蛆虫咂食①，委实坏烂，不通措手，若系刃伤、他物、拳手、足踢痕虚处②，方可作无凭复检状申。如是他物及刃伤骨损，宜冲洗仔细验之，即须于状内声说致命，岂可作无凭检验申上？

【注释】①咂食：吮食。

②虚处：因高度腐化，尸体膨胀，致使伤痕变异，无法看清伤痕的所在和真实情况。尸体的膨胀部位，称为虚处。

【译文】复检时，如果尸体已过多日，头脸肿胀，头发脱落，唇口外翻，蛆虫爬食，确系腐烂得无从下手，尤其是兵刃伤、他物伤、拳脚伤等要害致命处因尸体膨胀看不清楚的，才可以作"无法检验"呈报。如果是他物伤或刃伤以致骨骼损折的，应冲洗后仔细检验，并在验尸报告上写明致死原因，岂可作"无法检验"搪塞上报。

复检官验讫，如无争论，方可给尸与亲属。无亲属者，责付本都^①埋瘗^②，勒令看守，不得火化及散落。如有争论，未可给尸，且掘一坑，就所簟物舁^③尸安顿坑内，上以门扇盖，用土罨瘗作堆，周回用灰印印记，防备后来官司再检复^④，仍责看守状附案。

【注释】①本都：本地的保长。都：宋朝的民户编制单位，十户为一保，五十保为一都。

②埋瘗：掩埋，埋葬。

③舁：扛抬。

④再检复：宋代的尸检制度极其严格，一般初检后有复检，复检后仍有疑问的需要再检。

【译文】复检官检验结束，如无争议，方可把尸体交与死者亲属。没有亲属的，交给本地保长掩埋，并派人看守尸体，不得火化或散落。如有争议，不可把尸体给死者亲属，应暂时挖一个坑，把尸体连同铺垫的席子一起抬入坑内，上面盖上门板，再在上面堆成一个土堆，周围用石灰印标记，以防日后官府再次检验。同时，还要责令守尸者填写责任书并附于案。

八 验尸

【题解】从本节开始至第二卷的第五十节，宋慈都是在论述具体的尸体检验方法。本节可看作尸体检验的概述，主要包括尸体检验的顺序、方法和步骤，以及一些注意事项。其中，特别强调对尸体一些隐秘部位，如头发内、肛门和阴道等的检验。检验伤口要仔细验看大小和深浅，如果遇有不明显的伤痕可用敷贴法、水滴法、红伞隔日验看法等使伤痕显现。检验时必须全身心投入，不可怕脏避臭，还要把检验情况大声唱报出来。

虽然宋慈所列的尸体检验项目和方法以今天的法医学标准来看还不全面不完善，但在那个时代已属不易了。不论是厚今薄古的观念，还是以现代的标准去苛求古人的做法都是不合理不实际的。

身上件数，正面：头（有无髻子）、发长（若干）、顶心、囟门、发际、额、两眉、两眼（或开或闭，如闭，擘开①验眼睛全与不全）、鼻（两鼻孔）、口（或开或闭）、齿、舌（如缢，舌有无抵齿）、颔②、喉、胸、两乳（妇人两奶膀③）、心、腹、脐、小肚、玉茎④、阴囊（次揣捻两肾子⑤全与不全，妇人言产门⑥，女子言阴门⑦)、两脚大腿、膝、两脚臁肕⑧、两脚胫⑨、两脚面、十指爪⑩。

【注释】①擘开：分开，撑开。

②颏：下巴。

③奶膀：乳房。

④玉茎：阴茎。

⑤肾子：睾丸。

⑥产门：已婚女子的阴道。

⑦阴门：未婚女子的阴道。

⑧臁肕：小腿的两侧。

⑨脚胫：小腿前部。

⑩十指爪：十脚趾

【译文】身上应检验的项目。

正面：头（有无发髻）、发长（多少）、顶心、囟门、发际、额头、两眉、两眼（是开着还是闭着，如果闭着，用手分开眼睑看眼球是否完整）、鼻（两鼻孔）、口（是开还是闭）、牙齿、舌头（如果是自缢而死，有无舌头抵齿）、下巴、喉、胸、两乳（女人的两个乳房）、心、腹、肚脐、小肚、阴茎、阴囊（察看完阴茎、阴囊后还要用手捏看两个睾丸是否齐全完整，如果是女人要察看产门或阴门）、两大腿、两膝、两小腿、两脚踝、两脚面、十脚趾。

翻身：脑后、乘枕①、项、两胛②、背脊、腰、两臀瓣（有无杖疮）、谷道③、后腿、两曲䐐④、两腿肚、两脚跟、两脚板。

左侧：左顶下、脑角⑤、太阳穴、耳、面脸、颈、肩膊⑥、

肘、腕、臂、手、五指爪（全与不全，或拳或不拳⑦）、曲脉⑧、胁
肋、胯、外腿、外膝、外臁肕、脚踝。

右侧亦如之。

【注释】①乘枕：后枕部。

②两胛：两肩胛部位。

③谷道：肛门。

④曲䐐：膝盖后面的窝部。

⑤脑角：脑门。

⑥肩膊：肩膀。

⑦拳或不拳：握不握拳。

⑧曲脉：腋窝。

【译文】翻身检验尸体背面：脑后、后枕部、后颈、两肩胛、背脊、
腰、两臀（有无杖打的伤痕）、肛门、大腿后侧、两腿弯、两腿肚、两脚
跟、两脚板。

左侧：左头顶下、脑角、太阳穴、耳、脸、脖颈、肩膀、肘、腕、臂、
手、五指（是否齐全完整，有没有握拳）、腋窝、胁肋、胯、大腿外侧、膝
外侧、小腿外侧。

右侧也要检验这些。

四缝尸首①须躬亲看验：顶心、囟门、两额角、两太阳、喉
下、胸前、两乳、两胁肋、心、腹、脑后、乘枕、阴囊、谷道，
并系要害致命之处。（妇人看阴门、两奶膀）于内若一处有痕损
在要害，或非致命，即令仵作指定喝起。

【注释】①四缝尸首：尸体的前后左右。

【译文】尸体的前后左右必须亲自检验：头顶心、囟门、两额头、两太阳穴、喉下、胸前、两乳、两胁肋、心、腹、脑后、后枕部、阴囊、肛门，这些都是要害致命部位（妇女看阴门、乳房）。其中如果有一处伤痕在要害部位，即使非要害致命伤，也要让仵作指出唱报。

众约死人年几岁，临时①须仔细看颜貌供写，或问血属尤真。

凡检尸，先令多烧苍术、皂角②，方诣尸前。检毕，约三五步，令人将醋泼炭火上，行从上过，其秽气自然去矣。

多备葱、椒、盐、白梅③，防其痕损不见处，借以拥罨。仍带一砂盆并捶，研上件物。

【注释】①临时：临场，当场。

②苍术、皂角：古代验尸时多烧苍术、皂角以去秽气。苍术：多年生草本植物，根茎可入药，有燥湿、化浊、止痛之效。皂角：落叶乔木，有雌雄之别。雌树结的荚果可入药或制成洗涤用品。

③白梅：未成熟的梅子为青色。青梅经盐水浸泡后变为白色，称为"白梅"。

【译文】验尸官及相关人员要约估死者的年龄，当场仔细检验后再根据死者的容貌填写验尸报告，如果能够讯问死者亲属那就更真实可靠了。

凡验尸，先要令人烧苍术、皂角，然后才到尸前。检验结束，在三五步远的地方，叫人将醋泼在炭火上，从上面走过，身上的秽气自然就消除了。

多准备葱、椒、盐、白梅，以防伤痕不明显时用它们敷涂在伤痕上。还要带一只砂盆和小锤，以便捣研药物。

凡检复，须在专一，不可避臭恶。切不可令仵作行人遮闭玉茎、产门之类，大有所误。仍仔细验头发内、谷道、产门内，虑有铁钉或他物在内。

检出致命要害处，方可押两争及知见^①亲属令见。切不可容令近前，恐损害尸体。

被伤处须仔细量长阔、深浅、小大，定致死之由。

仵作、行人受嘱，多以芮（一作茜）草^②投醋内，涂伤损处，痕皆不见。以甘草汁解之，则见。

【注释】①知见：见闻人，证人。

②芮草：俗称"狗尾巴草"，可用作编织、造纸。从文意看应为"茜草"。茜草：多年生草质攀援藤木，根茎须皆为红色，可作染料。茜草性寒，有凉血、止血、化瘀等功效。

【译文】凡检验复检，要专心致志，不可怕脏怕臭。切不可让仵作、吏役遮盖阴茎、阴门之类，这样是会出大错的。还要仔细验看头发内、肛门、产门内，考虑到可能会有铁钉或他物在内。

检验出致命伤后，才可让争执双方及证人、亲属看尸，且不可让他们离尸体太近，以免损害尸体。

受伤处的伤痕，一定要仔细测量长宽、深浅、大小，验出致死的原因。

仵作、吏役被收买，多把芮草放在醋里，用它涂抹在伤痕处，伤痕就看不出来。遇到这种情况，用甘草汁消解芮草的作用，伤痕就会显现。

人身本赤黑色，死后变动作青膒色[1]，其痕未见。有可疑处，先将水洒湿，后将葱白拍碎令开，涂痕处，以醋蘸纸盖上，候一时久除去，以水洗，其痕即见。

若尸上有数处青黑，将水滴放青黑处，是痕则硬，水住不流；不是痕处软，滴水便流去。

【注释】①青膒（ōu）色：青紫色。

【译文】人的身体本来是红黑色，死后腐化变作青黑色，这样尸体上的伤痕就不明显。如果遇有可疑处，先用水把尸体洒湿，然后把葱白捣碎敷在可疑处，用蘸过醋的纸盖上，等到一个时辰后，用水冲洗，伤痕就会显现。

如果尸体上有数处青黑，可用水慢慢滴到青黑处。如果是伤痕，因为伤痕处比较硬而水停住不流；如果不是伤痕，因为伤痕处松软，滴水便会流去。

验尸并骨伤损处，痕迹未见，用糟、醋泼罨尸首，于露天以新油绢或明油雨伞复欲见处，迎日隔伞看，痕即见[1]。若阴雨，以熟炭隔照，此良法也。或更隐而难见，以白梅捣烂，摊在欲见处，再拥罨看[1]。犹未全见，再以白梅取肉，加葱、椒、盐、糟一处研，拍作饼子，火上煨令极热，烙损处，下先用纸衬之，即见其损。

【注释】①迎日隔伞看，痕即见：古代的油伞经太阳照射，部分光色被伞吸收，透过伞的紫外光线照在体表，伤痕即显，这一验尸方法早已被古人发现。沈括《梦溪笔谈》："太常博士李处厚出任庐州慎县县令。曾有打人致死者，李处厚去验尸，用糟块、石灰水之类泼洒尸体，都没有伤痕。有一老者求见，说：'我是本县的旧书吏，知道验尸不见伤痕的原因，请在中午阳光下用赤油伞遮住尸体，以水浇尸，伤痕立即显现。'李处厚按照老者建议去做，伤迹果然清晰可见。从此以后，江淮一带常用这种方法来验尸。"

【译文】尸身及骨头损伤的地方，如果看不见伤痕，可用糟、醋泼洒尸体，再抬到露天处用新油绢或明油伞遮在想要检验的部位，迎着太阳光隔伞验看，伤痕即显现。如果是阴天，烧亮炭火，隔着伞看，这是一种好方法。如果有更加隐蔽难见的伤痕，把捣烂的白梅敷在想要看见的部位后再看。如果还不能完全看清，那就取出白梅肉，混合葱、椒、盐、糟一起捣烂，拍成饼状，用火烤到极热，烙到有损伤的地方，下面垫上纸，伤痕就会显现了。

昔有二人斗殴，俄顷，一人仆地气绝，见证分明。及验出，尸乃无痕损，检官甚挠①。时方寒，忽思得计。遂令掘一坑，深二尺余，依尸长短，以柴烧热得所，置尸坑内，以衣物复之。良久，觉尸温，出尸以酒醋泼纸贴，则致命痕伤遂出。

【注释】①甚挠：甚感苦恼。挠：挠头，感到问题棘手。
【译文】从前有二个人斗殴，顷刻，一个人倒地身亡，在场的证人看得分明。等到检验，却无伤痕。检验官甚感苦恼。时值寒天，忽然想出一个办法，令人掘一坑，深二尺多，依照尸体的长短大小，用柴火烧热土坑，然后把尸体抬出，用蘸过酒、醋的纸贴在尸体上，致命伤痕就会显现出来了。

拥罨检讫，仵作、行人喝四缝尸首，谓：尸仰卧。自头喝：顶心、囟门全，额全，两额角全，两太阳全，两眼、两眉、两耳、两腮、两肩并全，胸、心、脐、腹全，阴肾全①，（妇人云产门全，女人云阴门）两髀、腰、膝、两臁肕、两脚面、十指爪并全。

左手臂、肘、腕并指甲全，左肋并胁全，左腰、胯及左腿、脚并全。

右亦如之。

翻转尸：脑后、乘枕全，两耳后、发际连项全，两背胛连脊全，两腰眼、两臀并谷道全，两腿，两后胁、两腿肚、两脚跟、两脚心并全。

【注释】①阴肾全：阴囊和睾丸齐全完好。

【译文】这种敷贴检验完成后，仵作、行人要唱报对尸体前后左右的检验情况，唱报要从尸体仰卧、头部开始：头顶心、囟门完好，两额完好，两额角完好，两太阳穴完好，两眼、两眉、两耳、两腮、两肩完好，胸、心、脐、腹完好，阴囊、睾丸完好（已婚女人说产门完好，未婚女人说阴门完好），两股部、腰、膝、两小腿、两脚面、十脚趾完好。

左手臂、肘、腕、手指、指甲完好，左肋、左胁完好，左腰、胯及左腿、左脚完好。

右侧也这样唱报。

　　翻转尸体：脑后、后枕部完好，两耳后、发际连项完好，两肩胛连背脊完好，两腰眼、两臀及肛门完好，两腿、两腿后窝、两腿肚、两脚跟、两脚心完好。

九　妇人

【题解】本文将妇人尸体的检验单独列为一节，这在理学盛行、男尊女卑观念渐成纲常伦理的南宋是十分难能可贵的。妇女，由于其自身的特殊性，自古至今就是一类容易遭受迫害的人群，所以检验妇女尸体也有一些特殊的方法。首先不能羞避，要通知接生婆、家属等人到场。检验时要验察是否是处女、有无孕胎、阴道内有无异物、体内有无死孩等。在这里，宋慈科学地对埋入地窖的女尸为何体内会有死孩流出做了合理地解释：因地水火风吹，死人尸首胀满，骨节缝开，故逐出腹内胎孕孩子。

本节后附有"小儿尸并胞胎"的检验，首先列举出一个具体案例：有人因为争斗结仇用脚后跟踏死自己的儿子后诬陷他人。这样的案子，只要"以手按其喉必塌，可验真伪"。之后，宋慈又讲述了检验了小儿尸后应该怎么填写验尸报告：只写十二三岁的小儿就可，不必说明男女；要写明小儿已具人形还是还未成形。最后，宋慈说明了怎样鉴别死、活胎儿：胎儿受惊死在母体后堕下的，胎盘呈紫黑色；生下后才死的，胎盘不是紫黑色，而是白色。

凡验妇人，不可羞避。

若是处女，札四至讫，撺出光明平稳处。先令坐婆①剪去中指甲，用绵札。先勒死人母亲及血属并邻妇二三人同看。验是与不是处女，令坐婆以所剪甲指头入阴门内，有黯血出是，无即非。

【注释】①坐婆：接生婆。

【译文】凡检验妇人尸体，不可怕羞回避。

如果检验处女尸身，记下四周的情况后，要把尸体抬到光亮平坦的地方。先让接生婆剪去中指指甲，用棉絮包扎指头，令死者的母亲及亲属并邻妇二三人一同看验。检验是不是处女，令接生婆用剪过指甲的指头伸入阴道内，有黑血出的是，否则就不是。

若妇人有胎孕不明致死者，勒坐婆验腹内委实有无胎孕。如有孕，心下至肚脐以手拍之，坚如铁石，无即软。

若无身孕，又无痕损，勒坐婆定验产门内，恐有他物。

【译文】如果是怀孕的女人尸体，不明致死原因的令接生婆验看腹内是否有胎儿。如果孕有胎儿，以手拍打心至肚脐部位，会感觉硬如铁石。没有孕的，则松软。

如果没有身孕，又无伤痕，命令接生婆验看阴道内有无异物。

有孕妇人被杀，或因产子不下身死，尸经埋地窖，至检时却有死孩儿，推详其故。盖尸埋顿①地窖，因地水火风吹，死人尸首胀满，骨节缝开，故逐出腹内胎孕孩子。亦有脐带之类，皆在尸脚下。产门有血水、恶物流出。

若富人家女使，先量死处四至了，便扛出大路上，检验有无痕损，令众人见，以避嫌疑。

【注释】①埋顿：埋葬，埋入。

【译文】如果孕妇被杀，或因为产子不下难产而死，尸体被埋在地窖里，检验时却发现有死孩在那里的，一定要细察其原因。因为尸体埋在地窖中，经过地、水、火、风的作用，尸体膨胀，骨节松裂，因此挤压出了腹内的胎儿。这样的死孩也有脐带之类，都在尸体脚下。阴道有血水、秽物流出。

如果是富贵人家的婢女，测量并记下尸体四周的情况后，把尸体扛抬到大路上，当着众人的面检验尸体有无伤痕，以避嫌疑。

附：小儿尸并胞胎

有因争斗因而杀子谋人①者。将子手足捉定，用脚跟于喉下踏死。只令仵作、行人以手按其喉必塌，可验真伪。

【注释】①谋人：企图诬陷他人。

【译文】有因争斗杀死自己孩子而图谋诬陷他人的。把孩子的手脚摁住，用脚后跟踏断喉部致死。如果是这样，只须让仵作、差役用手按压死孩的喉部，塌陷的，就是因喉部断裂而死。

凡定当小儿骸骨，即云："十二、三岁小儿。"若驳问：

"如何不定是男是女？"即解云："某当初^①只指定十二三岁小儿，即不曾说是男是女，盖律称儿，不定作儿是男女也。"

【注释】①当初：当时，此处指检验尸体时。

【译文】凡验定小孩尸体，当说"十二三岁的小孩"。如果有人驳问："为什么不说是男是女？"那就解释："我当时验尸时公文只写明是十二三岁的小孩，没有说是男是女，因为法律条文上规定验儿童尸时，只说儿童，不说是男是女。"

堕胎^①者，准律^②未成形像杖一百，堕胎者徒^③三年。律云："堕，谓打而落。"谓胎子落者^④。按《五藏神论》^⑤："怀胎一月如白露；二月如桃花；三月男女分；四月形像具；五月筋骨成；六月毛发生；七月动右手，是男于母左；八月动左手，是女于母右；九月三转身；十月满足。"

【注释】①堕胎：打胎。

②准律：依照法律。

③徒：徒刑，是一种剥夺犯人人身自由并强制其服劳役的刑罚。

④胎子落者：宋朝法律规定，打胎后胎儿离开母体的才算打胎。

【译文】堕胎者，依照法律规定，胎儿未成形的杖打一百，胎儿已成形的判"徒刑"三年。刑律规定："堕胎，是指打胎后胎儿脱落的。"脱落是指胎儿从母体脱落。按照《五藏神论》的记载："怀胎一月的胎儿大小如白露；二月的如桃花；三个月的男女已分；四个月的初具人形；五个月的筋骨成；六个月的毛发生；七个月的右手会动，如果是男孩则

动于母亲腹部的左侧；八个月的左手会动，如果是女孩动手于母亲腹部
的右侧；九个月胎儿会有三次转身；十个月的就要临盆生产了。"

　　若验得未成形像，只验所堕胎作血肉一片或一块。若经
日坏烂，多化为水。若所堕胎已成形像者，谓头脑、口、眼、
耳、鼻、手、脚、指甲等全者，亦有脐带之类。令收生婆①定验
月数，定成人形或未成形，责状在案。

　　【注释】①收生婆：接生婆。

　　【译文】如果检验的是未成形的胎儿，看到的只是一块或一片血
肉。如果隔的时间久，坏烂了，则化成血水。如果所堕胎儿已具人形，已
具人形是指头脑、口、眼、耳、鼻、手、脚、指甲等齐备和有脐带的。还
要让接生婆验定胎儿已有几个月、是否已具人形，这些都要一一写在
案卷里。

　　堕胎儿在母腹内被惊后死，胎下者，衣胞①紫黑色，血荫②
软弱。生下腹外死者，其尸淡红赤，无紫黑色，及胞衣白。

　　【注释】①衣胞：即胞衣，指胎盘和胎膜。
　　②血荫：由于血液淤结而隐约显现的血痕。

　　【译文】如果胎儿是在母腹内受惊而死后被堕掉的，胞衣呈紫黑
色，血瘀模糊不清。生下后在母腹外死去的，胎儿的尸体是淡红色，不
是紫黑色，胞衣是白色。

十 四时变动

【题解】春、夏、秋、冬谓之四时。人死亡后，尸体在自然环境里会发生一系列变化，从而出现尸变现象。本篇讲述的正是尸体在春夏秋冬不同季节里的变化，特别指出不同气温对尸变的影响，比如谈到"盛寒五日如盛热一日时，半月如盛热三四日时"，"春秋气候和平，两三日可比夏一日，八九日可比夏三四日"，此外，尸体的肥瘦老少也会影响尸变的进程。这些认识都是宋慈在长期的观察实践中得出的，十分难得。

春三月，尸经两、三日，口、鼻、肚皮、两胁、胸前，肉色微青。经十日，则鼻、耳内有恶汁流出，胖（匹缝切，胀臭也）胀①。肥人如此，久患②瘦劣人，半月后方有此证。

【注释】①胖胀：同"膨胀"。
②久患：久病。
【译文】在春季的三个月里，尸体经过两三天，口、鼻、肚皮、两胁、胸前的肉就变成微青色。经过十天，鼻、耳内有恶臭汁液流出，尸体会膨胀发臭。肥胖人尸体这样，久病瘦弱者的尸体则要半个月后才出

现此类症状。

夏三月，尸经一、两日，先从面上、肚皮、两胁、胸前肉色变动。经三日，口鼻内汁流、蛆出①，遍身胖胀，口唇翻，皮肤脱烂，疱疹起。经四、五日，发落。

暑月罨尸②，损处浮皮③多白，不损处却青黑，不见的实痕。设若避臭秽，据见在检过，往往误事。稍或疑处，浮皮须令剥去，如有伤损，底下血荫分明④。更有暑月九窍⑤内未有蛆虫，却于太阳穴、发际内、两胁、腹内，先有蛆出，必此处有损。

【注释】①蛆出：出现蛆虫。

②罨尸：冲洗敷贴过的尸体。

③浮皮：表皮。

④血荫分明：血痕明显。

⑤九窍：指两眼、两耳、两鼻孔、口、肛门、阴部。

【译文】在夏季的三个月里，尸体经过一两天，脸上、肚皮、两胁、胸前的肉就变化腐烂。经过三天，口、鼻内有恶臭汁液流出，蛆虫生爬，全身膨胀，口唇外翻，皮肤脱烂，出现水泡。经过四五天，头发脱落。

在暑热的月份里用糟、醋洗敷尸体，有伤损的部位浮皮多变白，没有损伤的部位呈青黑色，看不出哪里有具体的伤痕。如果怕脏怕臭，只根据当时见到的表象检验判断，往往误事。稍有可疑之处，必须剥掉浮皮，如果有伤损，浮皮下的出血痕迹明显。还有在暑热的月份里两眼、两耳、两鼻孔、口、肛门、阴部没有蛆虫，却在太阳穴、发际内、两胁、腹内先有蛆虫爬出的，必定是这些部位有伤损。

秋三月，尸经二、三日，亦先从面上、肚皮、两胁、胸前肉色变动。经四、五日，口鼻内汁流、蛆出，遍身胖胀，口唇翻，疱疹起。经六、七日，发落。

冬三月，尸经四、五日，身体肉色黄紫，微变。经半月以后，先从面上、口、鼻、两胁、胸前变动。

或安在湿地，用荐席裹角埋瘗，其尸卒难变动。更详月头月尾，按春秋节气定之。

【译文】在秋季的三个月里，尸体经过二三天，也是先从头脸上、肚皮、两胁、胸前的肉开始变动。经过四五天，口、鼻没有恶臭汁液流出，蛆虫爬出，全身肿胀，口唇外翻，出现水泡。经过六七天，头发脱落。

在冬季的三个月里，尸体经过四五天，全身慢慢变为黄紫色。半个月后，先从脸上、口、鼻、两胁、胸前变动腐化。

有的尸体放在潮湿的地方，用草席包裹掩埋，这样的尸体腐烂会慢一些。还要详查月初月尾的情况，根据季节变化来确定死亡时间。

盛热，尸首经一日即皮肉变动，作青黯色，有气息^①。经三、四日，皮肉渐坏，尸胀，蛆出，口鼻汁流，头发渐落。

盛寒，五日如盛热一日时，半月如盛热三、四日时。

春秋气候平和，两、三日可比夏一日；八、九日可比夏三、四日。

【注释】①气息: 气味, 这里指尸臭。

【译文】盛热时节, 尸体经过一天皮肉就会腐化, 作青黑色, 有臭味。经过三四天, 皮肉逐渐腐坏, 尸体肿胀, 蛆虫爬出, 口鼻流出恶臭汁液, 头发渐渐脱落。

盛寒时节, 尸体五天的腐化程度相当于盛热时节的一天, 半个月相当于盛热时节的三四天时间。

春秋两季气候温和, 两三天的尸体腐化程度相当于夏季的一天, 八九天的腐化程度相当于夏季的三四天。

然人有肥瘦老少, 肥少者易坏, 瘦老者难坏。

又南北气候不同, 山内寒暄①不常, 更在临时通变②审察。

【注释】①寒暄: 冷暖。

②通变: 变通, 灵活。

【译文】然而人有肥瘦老少的差异, 肥胖者和少年人的尸体容易变腐, 瘦弱者和老年人的尸体则难以腐坏。

又有南北气候的差异, 山区冷暖不定, 这就需要验尸官现场灵活考察了。

十一 洗罨

【题解】洗罨,一般先热敷,再用酒、醋洗。热的作用能使僵硬
的尸体变软,酒醋能使尸体表皮膨胀,皮下出血的伤痕更加明显,
所以古代验尸常用洗罨之法。

洗罨之法需要注意的有三点:一,检验时衬垫尸体的东西不能
损害尸体,可用藤连纸、白抄纸,不可用竹纸;二,要把尸体洗干净
后再进行检验,"先干检一遍,再用水冲洗";三,验尸的季节不同,
所用酒、醋的温度也必须不同。"初春与冬月,宜热煮醋及炒糟令
热。仲春与残冬,宜微热。夏秋之内,糟、醋微热,以天气炎热,恐伤
皮肉"。

宜多备糟、醋。衬尸纸惟有藤连纸、白抄纸可用,若竹纸^①,
见盐、醋多烂,恐侵损尸体。

【注释】①藤连纸、白抄纸、竹纸:都是当时纸的名称。
【译文】应多准备糟、醋,以便洗敷尸体。衬垫尸体的纸只有藤连
纸、白抄纸好用,如用竹纸,一遇盐醋就烂掉,恐怕会损坏尸体。

　　捯尸于平稳光明地上，先干检一遍，用水冲洗。次挼^①皂角^②洗涤尸垢腻，又以水冲荡洁净。(洗时下用门扇、簟席衬，不惹尘土)洗了，如法用糟、醋拥罨尸首，仍以死人衣物尽盖，用煮醋淋^③，又以荐席罨一时久，候尸体透软，即去盖物，以水冲去糟、醋，方验。不得信行人说，只将酒、醋泼过，痕损不出。

　　【注释】①挼：揉搓。

　　②皂角：皂荚，皂角树结的果实，可用作洗涤。

　　③淋：浇。

　　【译文】把尸体抬到平坦光亮的地方，先干检一遍，用水进行冲洗。其次，搓皂角洗涤尸体上的垢腻，再用水冲洗干净(冲洗时下面要垫上门板、席子等，以免沾染泥土)。洗完后，按照规定的方法用糟醋涂敷尸体。仍用死者的衣服覆盖尸体，同时用煮热的醋浇在尸体上，用草席覆盖一个时辰，等到尸体变软后，去掉覆盖物，用水冲洗糟醋，才可进行检验。不能只听信仵作的话，只用酒醋草率泼过就完了，这样伤痕是显现不出来的。

　　初春与冬月，宜热煮醋及炒糟令热。仲春与残冬宜微热。夏秋之内，糟、醋微热，以天气炎热，恐伤皮肉。秋将深，则用热，尸左右手、肋相去^①三四尺，加火熁^②，以气候差凉。冬雪寒凛，尸首僵冻，糟、醋虽极热，被衣重叠拥罨，亦不得尸体透软。当掘坑，长阔于尸，深三尺，取炭及木柴遍铺坑内，以火烧令通红，多以醋沃^③之，气勃勃然，方连拥罨法物、衬簟搰尸置于坑内，仍用衣被复盖，再用热醋淋遍。坑两边相去二三尺，复以火烘。约透④，去火，移尸出验。冬残春初，不必掘坑，只用火烘两边，看节候详度⑤。

【注释】①相去：相距。

②火燴：火烤。

③沃：浇，洒。

④约透：估摸着尸体已经软透。

⑤看节候详度：根据气节和气候的变化决定。详度：详细考虑，慎重裁定。

【译文】初春和冬月，要用煮热的醋和炒热的糟来使尸体温暖。仲春和残冬，要用微热的糟、醋。夏秋季节，糟、醋稍热即可，因为天气炎热，恐怕会损伤尸体的皮肉。秋深季节，要用较热的糟醋，并在离尸体左右手、胁三四尺的地方，用火烘烤，因为气候转凉。冬天，风雪凛冽，尸体被冻僵，即使糟醋很热，用几层衣服覆盖，尸体也很难温软。这时，要挖一个长宽比尸体略大、深三尺的土坑，在坑底铺一层木柴和炭，用火烧得通红，然后多用醋浇泼，趁着坑内热气腾腾的时候，把尸体连同衬垫物一起抬入坑内，仍用衣服覆盖，热醋浇尸。在离坑两边二三尺的地方，再用火烘烤。估计尸体松软时，撤去火，抬尸出来检验。冬末春初，不必挖坑，只用火烘烤坑的两边即可。具体怎样做，要根据季节、气候的变化而定。

湖南风俗，检死人皆于尸傍开一深坑，用火烧红，去火入尸在坑内。泼上糟、醋，又四面用火逼，良久，扛出尸。或行凶人争痕损，或死人骨属相争不肯认，至于有三四次扛入火坑重检者。人尸至三四次经火，肉色皆焦赤，痕损愈不分明，行吏因此为奸。未至一两月间，肉皆溃烂。及其家有论诉，差到复检官时，已是数月，止有骨殖^①，肉上痕损并不得而知。火坑法独湖南如此，守官者宜知之。

【注释】①骨殖：尸骨。

【译文】湖南风俗，检验死尸都要在尸体旁边挖一个深坑，用火把坑烧红，撤火放尸入坑内，泼上糟、醋，再在四周用火烘烤，一段时间后，抬出尸体。有时行凶人对伤痕的检验有争议，或死者亲属不认可验尸结果，以致有三四次放入火坑重检的。尸体经过三四次火烤，肉色焦赤，损痕更加不分明了。仵作、吏役等正好可趁此营私舞弊，这样一来，不到一两个月，尸体就已溃烂。从死者亲属有争议上诉，到验尸官分派下来，需要数个月的时间，这段时间尸体会腐烂得只剩骸骨，肉上的伤痕更看不见了。火坑验尸法，只有湖南是这样，当地官员应该知道。

十二 验未埋瘗尸

【题解】未埋瘗尸，即没有埋葬的尸体。本篇对未埋葬尸体的阐述主要有两个方面：一，观察尸体所处的环境、方位，比如尸体在什么地方，所在地属于何人，尸体上下有无衬垫覆盖；二，详细全面地验察尸体，比如尸体有多长，头发有多少，有无纹身、军籍、刺字、伤痕、瘢痕，还要清点并记录随身行李的名称和件数等。

未埋尸首，或在屋内地上，或床上，或屋后露天地上，或山岭、溪涧、草木上，并先打量^①顿尸^②所在四至^③、高低，所离某处若干。在溪涧之内，上去山脚或岸几许，系何人地上，地名甚处。若屋内，系在何处，及上下有无物色盖簟。讫，方可搦尸出验。

【注释】①打量：观察，察看。

②顿尸：停尸。

③四至：四周，四边。

【译文】未掩埋的尸体，或者是在屋内的地上，或床上，或者是在房屋前后的露天地上，或者是在山岭、溪涧、草木丛里。检验时，要把尸体四周的情况察验好，如周围的标志物、高低远近等。尸体如果在溪洞之内，离山脚或河岸多远，是在谁家的地里，地名叫什么？如果在屋内，是哪个位置，以及尸体上下有无物体盖垫。这些察看完成后，才可把尸体扛抬出来检验。

先剥脱在身衣服，或妇人首饰，自头上至鞋袜，逐一抄劄；或是随身行李，亦具名件①。讫，且以温水洗尸一遍了，验。未要便用酒、醋。

【注释】①名件：名称和件数。

【译文】先要剥掉尸体全身的衣服，如果是女尸的要摘掉首饰，然后自头上至脚下的鞋袜等物，逐一清点记录；死者随身行李的名称、件数也要一一清点记录。这些做完，用温水把尸体清洗一遍后，再验尸，不要还没清洗就直接用酒醋泼验。

剥烂衣服，洗了，先看其尸有无军号①，或额角、面脸上所刺大小字体②，计几行或几字，是何军人。若系配隶③人，所配隶何州。军字亦须计行数。如经刺环④，或方或圆，或在手背、项上，亦计几个；内是刺字或环子，曾艾灸或用药取，痕迹黯溇⑤，及成疤瘢，可取竹削一篦子⑥，于灸处挞之，可见。辨验色目人讫，即看死人身上甚处有雕青⑦、有灸瘢，系新旧疮疤，有无脓血，计共几个；及新旧官杖疮疤，或背或臀；并新旧荆杖⑧子痕，或腿或脚底；甚处有旧疮疖瘢，甚处是见患，须量见分寸；及何处有黯记之类，尽行声说。如无，亦开写。打量尸首，身长若干，发长⑨若干，年颜⑩若干。

【注释】①军号：军队的番号。

②所刺大小字体：刺字是古代的一种肉刑，也称"墨刑""黥刑"。这种刑罚根据犯罪者罪状的不同，分别在犯人面、额、项、臂、背等部位刺字，以标明犯罪事由及发遣地点。黥刑在宋朝颇为流行。

③配隶：将犯人流放发配至某地服役。

④刺环：宋代的黥刑之一。在宋代，犯偷盗罪者要在耳后刺环，如果多次偷盗，刺环则由耳后移到脸上。

⑤黯滐：模糊暗淡。

⑥篦子：竹制的梳子，中间有梁，两侧有密齿。

⑦雕青：刺青，纹身。

⑧荆杖：用荆木条制成的刑杖。

⑨发长：头发的长短。

⑩年颜：年龄和容貌。

【译文】剥掉衣服和洗完尸体后，先看尸体上有无军队番号，或额角、脸上所刺字体的大小、刺字共有几行或几个，是哪个军队的军人。如果是发配服役的犯人，要看发配到哪个州？所刺的军字也要计算行数。如果刺得是环形记号，要看是方是圆，是在手背还是在项上，共有几个刺环？其中如果有刺字或刺环用艾叶熏灸过或用药物涂抹过，痕迹暗淡不清以及变成瘢痕的，可用一个竹篦梳，在熏灸过的地方轻轻拍打，这样就可以看清原先的刺字或刺环了。验明死者的身份后，就要察看死者的身上何处有纹身、有艾灸过的瘢痕，是新疤痕还是旧疤痕，有没有脓血流出，共有几个；以及有没有新旧官杖责打后留下的疮痕，疮痕是在背上还是臀部；以及有没有荆杖责打后留下的伤痕，是新还是旧，是在腿上还是脚底；哪里是旧疮瘢，哪里是正在患着的疮疖，必须量出分寸大小；以及什么地方有暗记之类，都要大声唱报清楚。如果没有，也要写清楚。还要观察测量尸体身长多少、头发长短、年龄多少、容貌如何，并记录在案。

十三 验已殡殓尸

【题解】上一节讲未埋葬的尸体，这一节讲已埋葬的尸体。对于已埋葬的尸体，要验看坟堆的位置、长阔河尸体的朝向，如果需要挖开坟土检验，一定要当众挖开浮土，才能把尸体抬到光亮平坦的地方进行检验。

先验坟系何人地上，地名甚处。土堆一个，量高及长阔，并各计若干尺寸，及尸见殡殓①在何人屋下，亦如前量之。

次看尸头脚所向，谓如头东脚西之类；头离某处若干，脚离某处若干。左右亦如之。对众②爬开浮土，或取去殡砖③，看其尸用何物盛簟。谓④棺木，有无漆饰？席，有无沿缘⑤及箕簟⑥之类？掯出开拆，取尸于光明处地上验之。

【注释】①殡殓：停棺待葬。

②对众：当众，在众人面前。

③殡砖：砌在棺材下面或周围的砖。

④谓：说，这里大声唱报。

⑤沿缘：边缘，边沿。

⑥簀薰: 编织粗糙的席子。

【译文】检验已埋葬的尸体, 先要验看坟在谁家的地面上, 地名叫什么。土堆一个, 要测量出高和长宽, 各有多少尺寸。如果是停枢待葬的尸体, 要看停放在谁家的屋下, 也要像前面一样测量出它的长、宽、高。

其次验看尸体头脚的朝向, 如头东脚西之类。头离某个标志物多远, 脚离某个标志物多远。尸体的左右两侧也是这样验看记录。当众挖开浮土, 或搬去殡放棺材的砖块, 验看尸体用什么东西装殓。如果是棺木, 就看有无油漆或纹饰; 如果是席子, 就看有没有边饰、编织得粗细和有无衬席。然后, 抬出棺木, 取出尸体, 放到光亮的地面进行检验。

十四 验坏烂尸

【题解】所谓"坏烂尸"就是高度腐烂的尸体。这种尸体的检验要比一般的尸体困难。但即使再困难，检验官也要亲临现场。亲临现场时，要做好防范措施：烧苍术、皂角辟之；用麻油涂鼻，或用纸捻子蘸油塞住两鼻孔，并且在嘴里含上生姜；要紧紧闭住口，以防尸臭冲入。这里所讲的保护和防范措施，虽然不同于现代验尸的防护措施，但在当时能探索出如此避尸臭毒气的方法，也必须苦费一番心思不可，由此我们可以看出宋慈不但有长期检验的经验、而且在检验中善于总结方法。

若避臭秽，不亲临，往往误事。

尸首变动，臭不可近，当烧苍术、皂角辟之；用麻油涂鼻，或作纸摅子①揾油②塞两鼻孔，仍以生姜小块置口内③；遇检，切用猛闭口④，恐秽气冲入。量劄四至讫，用水冲去蛆虫、秽污，皮肉干净，方可验。未须用糟醋，频令新汲水浇尸首四面。

尸首坏烂，被打或刃伤处痕损，皮肉作赤色，深重作青黑色，贴骨不坏，虫不能食⑤。

【注释】①纸撚子: 纸捻子。

②搵油: 蘸油, 浸油。

③以生姜小块置口内: 口内含姜和麻油涂鼻都是古代验尸除臭的方法。

④切用猛闭口: 一定要紧紧闭住嘴。

⑤贴骨不坏, 虫不能食: 紧贴骨头的地方韧性强、密度大, 很难腐烂, 蛆虫也难以破坏。

【译文】如果害怕脏臭, 不亲临现场检验, 往往误事。

尸首腐烂, 臭不可近的, 可以烧苍术、皂角来驱除秽气; 用麻油涂在鼻子上或用浸过油的纸捻子塞住两鼻孔, 再含一块生姜在嘴里; 遇有检验, 一定要紧紧闭住嘴巴, 以防秽气冲入。测量记录下尸体四周的情况后, 用水冲去尸体上的蛆虫、脏物, 待皮肉干净后, 再进行检验。冲洗尸体时, 不要用糟醋, 可不断叫人用新从井里打出来的水浇洒在尸体的四周。

尸体腐烂, 被打伤或刃伤部位的伤痕, 皮肉为红色, 伤口深重, 呈青黑色, 紧贴骨头的部位皮肉不易腐烂, 蛆虫也不易吮食破坏。

十五 无凭检验

【题解】无凭检验即无法检验。腐败到什么程度的尸体才可以按"无法检验"处理呢? 在本节的内容中, 宋慈就详细申说了无法检验的条件: 头发脱落, 全身青黑, 皮肉坏烂, 蛆虫爬满, 骨头显露。这很有点类似今天所说的尸体白骨化, 但程度要比白骨化轻。这样无法检验的尸体看起来没有检验的意义、检验的可能性和必要性, 但实际上, 以现代法医学的观点看来, 仍有检验的必要, 也具有一定的法医学意义。比如有些刃物伤如果伤到骨头可以通过验骨寻找致命伤, 再比如有些中毒而死的人, 毒素会长期保留在骨髓或骨质内, 通过验骨可以验出中哪种毒而死。所以即使是无法检验的尸体, 宋慈也要求要用手捏遍全身骨头察看有无骨头折损。

凡检验无凭之尸[①], 宜说头发褪落, 曲鬓[②]、头面、遍身皮肉, 并皆一概青黑, 麸皮坏烂, 及被蛆虫唖破, 骨殖显露去处。

如皮肉消化[③], 宜说骸骨显露, 上下皮肉并皆一概消化, 只有些小消化不及, 筋肉与骨殖相连。今来委是无凭检复, 本人生前沿身上下有无伤损它故, 及定夺[④]年颜、形状、致死因依不得。兼用手揣捏得沿身上下，并无骨损去处。

【注释】①无凭之尸：因高度腐烂无法检验的尸体。

②曲鬓：鬓角。

③消化：完全腐烂。

④定夺：确定，判断。

【译文】凡检验腐烂至无法检验的尸体，应该这样报说："头发脱落，鬓角、头面以及全身皮肉全部变为青黑色，皮肤腐烂出现水疱，并且被蛆虫破坏，尸骨已露出。"

如果皮肉完全腐烂，应该这样报说："骸骨显露，全身皮肉全部烂尽，只有少数的筋肉与骨头的连接处尚未完全烂尽，现在确属无法检验。死者生前有无损伤、有无其他症状，以及年龄、相貌、体形、致死原因等都无法确定，并且用手捏过尸体全身上下并未发现有骨头损伤的地方。"

十六 白僵死瘁死

【题解】白僵死瘁死^①，古代把经久不烂的尸体称为僵尸。僵尸有红、黑、白三种。白僵尸白中带黄，皮肉僵硬。如果要对僵尸进行检验，可用本篇中提到的方法，先用炭火温热尸体，使尸体皮肉温软，然后以热醋洗尸，以葱、椒、盐、白梅、糟研烂制作成饼子敷贴在想要验伤的地方，伤痕就会显现。瘁死，这里指瘁尸，是久病清瘦而死的干瘪尸体，这种尸体和僵尸一样都不容易腐烂。

先铺炭火，约与死人长阔，上铺薄布，可与炭等，以水喷微湿，卧尸于上。仍以布复盖头面、肢体讫，再用炭火铺拥令遍，再以布复之，复用水遍洒。一时久，其尸皮肉必软起。乃揭所铺布与炭看，若皮肉软起，方可以热醋洗之。于验损处，以葱、椒、盐同白梅和糟研烂，拍作饼子，火内煨令热，先于尸上用纸搭了，次以糟饼罨之，其痕损必见。

【注释】①白僵死瘁死：古人把经久不腐的尸体称为僵尸，僵尸有红、黑、白三种。因生前久病消瘦而死的尸体称为瘁尸，瘁尸多干瘪，也不易腐烂。

【译文】先在地上铺一层热炭灰，其长、宽大约与尸体相当。在炭灰上铺一层与尸体大小相当的薄布, 洒上水, 然后把尸体平放在上面。
用布覆盖尸体住的头面、四肢、躯体, 再撒上炭灰, 炭灰要完全覆盖
住尸体才行。再在炭灰上铺一层布, 布也要用水洒湿。一个时辰之后,
尸体皮肉就会温软。于是, 揭去铺盖的布、炭灰验看尸体。如果尸体皮
肉变软, 就可以用热醋洗尸了。洗完尸体, 在打算检验的伤损部位, 把
葱、椒、盐、白梅和糟混合研烂, 拍成饼状, 放在火上加热, 然后把糟
饼放在要检验的部位上, 但在尸体与糟饼之间要放一张纸作衬垫, 这
样伤痕就一定能显现出来。

卷之三

十七 验骨

【题解】本篇与下一篇都是关于人体骨骼的描述，与现代解剖学上有关骨骼的介绍大致相同，可以视作解剖学的雏形。但这里的验骨与现代人体解剖时的验骨毕竟不同。前者是在没有进行解剖的情况下检验尸体高度腐烂而剩下的骨头，后者是在进行尸体解剖时对骨的检验。两者虽然有差别，但以当时的科技水平看来，文中对骨的描述已较详细、具体，说明当时对骨骼已有很深刻的认识。由于时代和科技水平的局限，文中对骨骼的描述还有很多不科学的地方，比如人体骨的总数是206块，本篇却写成365块，再比如本篇说男人的骨头是白色，女人的骨头是黑色，原因是女人生前经常月经，经血渗入骨头使骨头变为黑色，这种说法纯属臆说。

人有三百六十五节①，按一年三百六十五日。

男子骨白，妇人骨黑②。（妇人生前出血如河水，故骨黑。如被毒药骨黑，须仔细详定）

髑髅骨③：男子自顶及耳并脑后共八片④，（蔡州人有九片）脑后横一缝⑤，当正直下至发际别有一直缝；妇女只六片，脑后横一缝，当正直下无缝。

【注释】①人有三百六十五节: 现代医学研究表明, 人骨有206块, 男女一样。

②妇人骨黑: 这种说法有误, 男女的骨头一般呈黄色或灰白色, 即使中毒而死, 除个别药物外, 骨骼的颜色不会变化。

③髑髅骨: 颅骨。

④八片: 无论男女, 人体颅骨的构成都是八片, 后面说"妇女只六片"错误。

⑤脑后横一缝: 脑后颅骨的接缝。

【译文】人体有三百六十五块骨头, 这正好应合一年三百六十五天。

男人的骨头白, 妇女的骨头黑。(妇女生前月经时出血如河水, 血渗骨头内, 所以骨黑。妇女骨头的颜色与服毒而死的人的骨头都是黑色, 要注意鉴别)

颅骨: 男人从头顶至耳部以及脑后共有八片。(蔡州人九片)脑后有一条横缝, 顺着这条横缝的正中往下还有一条直缝; 妇女的颅骨有六片, 脑后有一条横缝, 但没有正中直下的直缝。

牙有二十四, 或二十八, 或三十二, 或三十六。

胸前骨①三条。

心骨②一片, 嫩, 如钱大。

项与脊骨③各十二节。

自项至腰共二十四椎骨, 上有一大椎骨④。

肩井⑤及左右饭匙骨⑥各一片。

左右肋骨,男子各十二条,八条长、四条短。妇人各十四条[7]。

男女腰间各有一骨,大如手掌,有八孔,作四行。

手、脚骨各二段。男子左、右手腕及左、右臁胫骨边,皆有揬骨[8];(妇人无)两脚膝头各有頔骨[9],隐在其间,如大指大;手掌、脚板各五缝,手、脚大拇指并脚第五指各二节,余十四指并三节[10]。

尾蛆骨[11],若猪腰子,仰在骨节下。

【注释】①胸前骨:胸骨,由胸骨柄、胸骨体和剑突组成。

②心骨:胸骨的剑突,对心有保护作用,故称。

③项与脊骨:颈椎、腰椎、背椎的合称。

④大椎骨:即第一颈椎,也称"寰椎"。

⑤肩井:锁骨,在胸部的最上方,左右各一块。

⑥饭匙骨:肩胛骨。

⑦妇人各十四条:这种说法有误。人体肋骨左右各十二条,男女一样。

①揬骨:手臂前的尺骨和小腿的腓骨,男女都有。

⑨頔骨:膝部的软骨板,呈半月形。

⑩手、脚大拇指并脚第五指各二节,余十四指并三节:这种说法错误,人的手脚只有拇指(或拇趾)为二节,其余皆为三节。

⑪尾蛆骨:尾骨。男女尾骨都没有孔,这里周布"六窍""九窍"的说法缺少根据。

【译文】人的牙齿,有的二十四枚,有的二十八枚,有的三十二枚,有的三十六枚。

胸骨有三条。

心窝骨一块, 脆嫩, 如铜钱。

项骨和脊骨各有十二节。

从项到腰共有二十四块脊椎骨, 最上面有一条大的椎骨。

锁骨及左右肩胛骨各有一片。

左右肋骨, 男人有十二条, 八条长, 四条短; 妇女左右两边各有十四条。

男女腰间各有一块骨头, 大小如手掌, 有八个孔, 排列成四行。

手骨和掌骨各有一块两节, 男人左右手腕及左右胫骨旁, 都有尺骨和腓骨。(女人没有)两腿膝盖处各有一块软骨, 隐藏在膝盖中间, 如拇指般大小; 手掌、脚板各有五块骨头, 手脚的大拇指和脚的小趾都是两个关节, 其余的十四指都有三个关节。

尾骨好像猪腰子, 挂接在脊骨的下面。

男子者其缀脊处凹, 两边皆有尖瓣, 如棱角, 周布九窍。

妇人者, 其缀脊处平直, 周布六窍。

大、小便处各一窍①。

骸骨各用麻、草小索②或细篾③串讫, 各以纸签标号某骨, 检验时不至差误。

【注释】①大、小便处各有一窍: 从现代医学来说, 大小便处都在盆腔的出口, 所以出口只有一个, 而不是两个孔。

②麻、草小索: 用麻或草编制的小绳。

③细篾: 细竹篾。

【译文】男人的尾骨与脊椎骨的连接处呈凹形，两边有尖瓣，如菱角，周围有八个小孔。

女人的尾骨与脊椎骨的连接处平直，周围有六个小孔。

大小便的地方各有一个孔。

骸骨应用麻或草编制的小绳或细小的竹篾串起来，并标记编号，标明是哪个部位的骨头，这样检验时才不会出错。

十八 论骨脉要害去处

【题解】本节主要描写人体骨骼结构、骨的连接和骨的检验。其中，有关骨骼的结构和名称与现代解剖学大体吻合。本节关于骨骼的记载只是大概描述，并不详细，也不具体，甚至有很多混淆错乱的地方，比如多次乱用髀骨一词，混淆了髀骨的概念。

至于本文提到的"滴骨验亲法"缺少科学论证，然而现代的很多电影、电视剧更把这种"滴骨验亲"发展成"滴血验亲"，虽然其方法开启了亲权鉴定的历史，但确属一点科学依据也没有。

本篇提到很多验骨的方法和禁忌，比如"煮骨不得见锡"，"以油灌之，其骨大者有缝，小者有窍，候油溢出则揩令干，向明照，损处油到即停住不行，明亮处则无损"，"浓墨好墨涂骨上，候干，即洗去墨。若有损处，则墨必浸入；不损则墨不浸"，"用新绵于骨上拂拭，遇损处必牵惹绵丝起"。这些验尸方法巧而精，可以反映出古人的智慧。

夫人两手指甲相连者小节，小节之后中节，中节之后者本节[①]，本节之后肢骨之前生掌骨，掌骨上生掌肉，掌肉后可屈曲者腕。腕左起高骨者手外踝，右起高骨者手内踝②，二踝相连生者臂骨③，辅臂骨者髀骨④，三骨相继者肘骨，前可屈曲者曲肘，曲肘上生者臑骨⑤，臑骨上生者肩髃⑥，肩髃之前者横髃骨⑦，横髃骨之前者髀骨⑧，髀骨之中陷者缺盆⑨，缺盆之上者颈，颈之前者颊喉⑩，颊喉之上者结喉⑪，结喉之上者颏，颏两傍者曲颔⑫，曲颔两傍者颐，颐两旁者颊车⑬，颊车上者耳，耳上者曲鬓，曲鬓上行者顶，顶前者囟门，囟门之下者发际，发际正下者额，额下者眉，眉际之末者太阳穴，太阳穴前者目，目两旁者两小眦⑭，两小眦上者上睑，下者下睑，正位能瞻视者目瞳子。瞳近鼻者两大眦，近两大眦者鼻山根⑮，鼻山根上印堂，印堂上者脑角，脑角下者承枕骨。脊骨下横生者髋骨，髋骨两傍者钗骨，钗骨下中者腰门骨。钗骨上连生者腿骨，腿骨下可屈曲者曲　　⑯，曲　　上生者膝盖骨，膝盖骨下生者胫骨，胫骨旁生者胕骨。胕骨下左起高大者两足外踝，右起高大者两足右踝。胫骨前垂者两足跂骨，跂骨前者足本节，本节前者小节，小节相连者足指甲，指甲后生者足前跌⑰，跌后凹陷者足心，下生者足掌骨，掌骨后生者踵肉⑱，踵肉后者脚跟也。

【注释】①小节、中节、本节：人体手指的骨节从下而上分别为第一指骨、第二指骨、第三指骨，即这里所言的本节、中节、小节。

②腕左起高骨者手外踝，右起高骨者手内踝：现代医学把手腕外侧突起的一块叫桡骨茎突，内侧突起的一块叫尺骨小头。

③臂骨：这里指桡骨。

④髀骨：尺骨。

⑤臑骨：肱骨。

⑥肩髃：肩胛骨的喙突。

⑦横髃骨：肩胛冈。

⑧髀骨：这里指肩胛骨的背面。

⑨缺盆：锁骨。

⑩颡喉：喉结的下方。

⑪结喉：喉结。

⑫曲颔：下巴颏。

⑬颊车：硬腭。

⑭眦：眼眶。

⑮鼻山根：即鼻梁。

⑯曲䐐：腘窝。

⑰跌：足背。

⑱踵肉：足后跟。

【译文】从两手起，与指甲相连的是手指小节，小节之下是中节，中节之下是本节，本节之下、手肢骨之前是掌骨，掌骨上面生有掌肉，掌肉下面能够屈伸的是手腕，手腕左边凸起的一块骨头是手外踝，右边凸起的一块骨头是手内踝，连接内外踝的是臂骨，辅助臂骨的是髀骨，连接臂骨与髀骨的是肘骨，肘骨前面可以屈伸的是曲肘，曲肘上生有臑骨，臑骨上生有肩髃，肩髃前面是横髃骨，横髃骨前面是髀骨，髀骨当中凹陷的是缺盆，缺盆上面是脖颈，脖颈前面是颡喉，颡喉上面是喉结，喉结上面是下巴颏，下巴颏两旁是曲颔，曲颔两旁是颐，颐两旁是颊车，颊车上面是耳朵，耳朵上面是曲鬓，曲鬓往上是头顶，头顶前面是囟门，囟门下面是发际,发际往下是额,额下面是眉毛,眉毛的末端是太阳穴,太阳穴前面是眼睛,眼睛两旁是两小眦,两小眦上面的是上眼睑,下面的是下眼睑,正中能观看的是眼珠。眼珠靠近鼻子的部位是两大眦,靠近两大眦的是鼻山根,鼻山根上面是印堂,印堂上面是脑角,脑角下面是枕骨。脊椎骨下面横生着髋骨,髋骨两旁是钗骨,钗骨下面的正中是腰门骨。钗骨上连接着腿骨,腿骨下面能够屈伸的是腘窝,腘窝前面是膝盖骨,膝盖骨下面是胫骨,胫骨旁边是腓骨,腓骨左下侧凸起的是两脚的外踝,右下侧凸起的是两脚的右踝。胫骨前面下垂的是两脚趺骨,趺骨前面是脚的本节,本节前面是小节,与小节相连的是脚趾甲,脚趾甲后面是脚背,脚背凹陷的部位是脚心,脚心下面是脚掌骨,脚掌骨后面是踵肉,踵肉后面是脚跟。

检滴骨亲法[①],谓如:某甲是父或母,有骸骨在,某乙来认亲生男或女,何以验之?试令某乙就身刺一两点血,滴骸骨上,是亲生则血沁入骨内,否则不入。俗云"滴骨亲",盖谓此也。

【注释】①滴骨亲法:把血滴入骨头,以血是否会渗入骨内来判断滴血者与死者是否有血缘关系,这种方法被古装剧衍变成"滴血验亲",都不科学。

【译文】滴骨验亲法,可这样检验:死者甲是父亲或母亲,尸体腐烂得只剩骸骨,乙前来认亲,说是死者的亲生儿子或女儿,怎么验定?可试着让乙在身上刺一两滴血,滴到骸骨上,如果是亲生的血会沁入骨头内,如非亲生则血不沁入。俗话说"滴骨亲",就是说的这个意思。

检骨须是晴明。先以水净洗骨，用麻穿定形骸次第，以箪子盛定。却锄开地窖一穴，长五尺，阔三尺，深二尺。多以柴炭烧煅，以地红为度。除去火，却以好酒二升、酸醋五升泼地窖内，乘热气扛骨入穴内，以藁荐遮定，蒸骨一两时。候地冷，取去荐，扛出骨殖，向平明处，将红油伞遮尸骨验。若骨上有被打处，即有红色路、微荫①；骨断处其接续两头各有血晕色；再以有痕骨照日看，红活，乃是生前被打分明。骨上若无血荫，纵有损折，乃死后痕。切不可以酒醋煮骨，恐有不便处。此项须是晴明方可，阴雨则难见也。如阴雨，不得已则用煮法。以瓮一口，如锅煮物，以炭火煮醋，多入盐、白梅同骨煎，须着亲临监视，候千百滚取出，水洗，向日照，其痕即见。血皆浸骨损处，赤色、青黑色，仍仔细验，有无破裂。

【注释】①红色路，微荫：指红色的伤痕和模糊的血荫。这两种情况都是在以红油伞隔日验尸时看到的，其方法与现代的紫外线照射法相似。

【译文】检验骸骨必须是晴朗天气。先以水洗净骸骨，用细麻绳把骸骨按顺序穿起来，放在席子上。接着，挖一个长五尺、宽三尺、深二尺的地窖。用柴炭把地窖烧红后，撤掉火，再用二升好酒、五升酸醋泼洒地窖，趁着热气蒸腾把骸骨抬入内，用席子遮盖，蒸骨一两个时辰。等到地窖冷却，取掉席子，抬出骸骨，对着阳光用红油伞遮住骸骨检验。如果骨头上有被打的地方，就会有红色的痕迹，淡淡的血荫；如果骨头打断了，骨断处的两端都会有血晕色；如果把带有伤痕的骨头放在太阳下，就会看到红色的血痕，这就说明是生前被打所致。如果骨上没有血荫，却有损伤折断，那就说明是死后造成的。切不可用酒醋煮骨，以防不利于骸骨检验。这种检验方法必须是晴朗天气，阴雨天骨上的伤痕则很难看见。在阴雨天又不得不进行检验的，可用煮骨法。用一个瓮，像在锅里煮食物一样，用炭火烧煮瓮里的醋，再多放些盐、白梅，混同骨头一起煎煮。煮骨时要亲自监视，等到沸水滚过千百次，取出骨头，用水冲洗，对着阳光照看，伤痕就会显现。血液渗入骨头的部位呈红色、青黑色，仍需要仔细检验，看骨头有无破裂。

煮骨不得见锡①，用则骨多黯。若有人作弊，将药物置锅内，其骨有伤处反白不见②。（解法见《验尸》门）

若骨或经三两次洗罨，其色白与无损同，何以辨之？当将合验损处骨以油灌之，其骨大者有缝，小者有窍，候油溢出则揩令干，向明照，损处油到即停住不行，明亮处则无损。

一法，浓磨好墨涂骨上，候干，即洗去墨。若有损处，则墨必浸入；不损，则墨不浸。

又法，用新绵于骨上拂拭，遇损处，必牵惹绵丝起。折者，其色③在骨断处两头。又看折处，其骨芒刺向里或外：殴打折者，芒刺在里；在外者非。

髑髅骨有他故处，骨青；骨折处带淤血。

仔细看骨上有青晕或紫黑晕：长是他物，圆是拳，大是头撞，小是脚尖。

四缝骸骨内一处有损折，系致命所在，或非要害，即令仵作行人指定喝起。

【注释】①煮骨不得见锡：骨中含有硫化氢，遇锡会有化学反应，使骨头颜色变暗，不利于检验。

②伤处反白不见：伤痕应为红色，但投入药物后，骨头就会由红变白，不利于检验。

③色：血色，血痕。

【译文】煮骨不能用锡制品，用锡制品煮过的骨头为黑色。如果有人作弊，将药物投入锅，骨头的损伤部位就会变白从而显现不出。（化解方法见《验尸》篇）

如果骨头经过三四次洗敷，颜色就会变白看起来跟没有损伤一样，这怎么分辨呢？在怀疑有损伤的骨头部位灌上油，骨头大的有缝，小的有孔，等到油从骨头的缝孔溢出时就把油擦干，向着明亮的地方照看，有损伤的地方油流到那里就会停住，呈现阴影，骨头上明亮的部位就没有损伤。

另一个方法，把磨好的浓墨涂在骨头上，等到墨干，即洗去墨汁。如果骨头上有损伤，那么墨就会渗进去，没有损伤墨就不会渗。

还有一个方法，用新丝棉擦拭骨头，遇到损伤部位，必会牵扯丝棉。骨头折断的，伤痕血色在骨断部位的两端。再看骨折的地方，骨头上的芒刺向里还是向外：因被殴打而折断的，芒刺在里面；芒刺在外面的就非殴打所致。

颅骨有损伤的部位是青色，折断的部位有淤血。

仔细验看骨头上青晕或紫黑晕的形状：长方形是他物伤，圆形是拳伤，大圆形是头撞的，小圆形是用脚尖踢的。

人体全身前后左右的骸骨内如果有一处有损伤或折断，不管是不是致命所在，都要命令仵作、差役指明唱报出来。

　　拥罨检讫，仵作行人喝四缝骸骨，谓：尸仰卧，自髑髅喝，顶心至囟门骨、鼻梁骨、颏颔骨，并口骨并全；两眼眶、两额角、两太阳、两耳、两腮颊骨并全；两肩井^①、两臆骨^②全；胸前龟子骨^③、心坎骨^④全。

　　左臂、腕、手及髀骨全；左肋骨全；左胯、左腿、左臁肕并髀骨及左脚踝骨、脚掌骨并全。右亦如之。

　　翻转喝，脑后、乘枕骨、脊下至尾蛆骨并全。

　　凡验原被伤杀死人，经日，尸首坏，蛆虫咂食，只存骸骨者，原被伤痕，血粘骨上，有干黑血为证。若无伤骨损，其骨上有破损，如头发露痕，又如瓦器龟裂，沉淹损路^⑤，为验。

　　殴死者，受伤处不至骨损，则肉紧贴在骨上，用水冲激亦不去，指甲戛之方脱，肉贴处其痕损即可见。

　　验骨讫。自髑髅、肩井臆骨，并臂、腕、手骨，及胯骨、腰腿骨、臁肕、膝盖并髀骨，并标号左右。其肋骨共二十四茎，左右各十二茎，分左右，系：左第一、左第二，右第一、右第二之类，茎茎依资次题讫。内脊骨二十四节，亦自上题一、二、三、四，连尾蛆骨处号之；并胸前龟子骨、心坎骨亦号之，庶易于检凑。两肩、两胯、两腕皆有盖骨，寻常不系在骨之数，经打伤损，方入众骨系数，不若拘收在数为良也。先用纸数重包定，次用油单纸三、四重裹了，用索子交眼扎系作三、四处，封头印押讫。用桶一只盛之，上以板盖，掘坑埋瘗，作堆标记，仍用灰印。

　　【注释】①肩井：肩胛骨。

②臆骨：锁骨。

③胸前龟子骨：胸骨。

④心坎骨：胸骨的剑突，对心有保护作用。

⑤损路：伤痕的纹路。

【译文】敷贴检验结束，仵作、差役要唱报骸骨前后左右的情况。先说尸体仰卧，然后从颅骨开始唱报：顶心至囟门骨、鼻梁骨、下巴骨、口骨齐全完好；两眼眶、两额角、两太阳穴、两耳、两腮颊骨齐全完好；胸前骨、心坎骨齐全完好。

左臂、腕、手、髀骨齐全完好；左肋骨齐全完好；左胯、左腿、左臁肕、骭骨、左脚踝骨、脚掌骨齐全完好。右侧的也同左侧一样唱报。

翻转尸体唱报，脑后、枕骨、脊椎骨至尾蛆骨都齐全完好。

凡检验因受伤或被杀而死的人，时隔已久，尸首腐坏，蛆虫吮食，只剩骸骨的，在受伤部位会有血斑沉积在骨头上，形成干黑血痕。如果无伤而骨损，骨头上会有破裂痕，细得像发丝，像陶器上的裂纹，骨头上隐约不明显的损痕纹路即是佐证。

被殴打致死的，受伤部位的骨头如果还未断裂，此处的肉便会紧贴在骨头上，用水冲洗也洗不掉，用指甲扣剔才会脱落，这样骨头上原先被肉贴住的伤痕就能看清楚了。

检验骸骨完毕，从颅骨、肩井臆骨到臂、腕、手骨、胯骨、腰腿骨、臁肕、膝盖骨、骭骨按顺序标志左右。肋骨共二十四根，左右各十二根，分左右标记：左边第一，左边第二，右边第一，右边第二之类。每根都要按照顺序标记。内脊骨二十四节，也从自上而下地标记一、二、三、四，一直到尾蛆骨部位都要做好标记。胸前龟子骨、心坎骨也要标记，这样才容易寻找检验。两肩、两胯、两腕都有盖骨，一般不计算在内，但如果是被打损伤的，则要纳入众骨数目之内，这样做还不如直接把它们计算在内。标记结束，先用纸包裹数层，再用油纸裹三四层，用细绳捆扎三四圈，盖好封印，装入一只桶内，盖上木板，挖坑掩埋，在掩埋处堆一个土堆，周围用石灰洒上印记。

行在^①有一种毒草，名曰贱草^②。煎作膏子售人，若以染骨，其色必变黑黯，粗可乱真^③。然被打若在生前，打处自有晕痕；如无晕而骨不损，即不可指以为痕，切须仔细辨别真伪。

【注释】①行在：天子居住的皇宫以外的地方。此处指当时的都城临安。临安，今杭州市。

②贱草：败酱草，有清热解毒、活血化瘀的功效。

③粗可乱真：大体上可以以假乱真。

【译文】杭州有一种毒草叫贱草，制成膏汁卖给人，如果用它来染骨，骨头必然变为乌黑，粗看可以以假乱真。但如果是生前被打，打处会有晕痕；如果没有晕痕骨头也没有损折，就不可认作伤痕，一定要仔细辨别真伪。

十九 自缢

【题解】自缢有真自缢与假自缢之别。真自缢就是自己上吊而死，假自缢是指被人勒死后伪造出自缢现场的。真自缢又分很多种，比如绳索套在喉结下或上吊死，用细麻绳、草索或整幅缎帕吊死，吊死时是打的活套、死套还是单系十字扣、缠绕扣，患病在床仰卧用绳索上吊的，这些不同的上吊方式，宋慈在本节中都有提及，可见他在平时的检验工作中是善于总结归纳的。

对于检验自缢而死的尸体，宋慈讲得很细致，其中有比较重要的三点，遇有尸检应该留心注意：一，不要轻易下定自缢的结论，要仔细检验、辨别，有很多他杀却类似自缢的情况；二，有些男仆或女婢在雇主家自缢，但雇主害怕受到牵连，承担责任，就移尸它处，这种情况一定要分辨生前痕与死后痕，以免断案不当；三，上吊死后未被发现，日子久了，尸体腐烂已露出白骨，头却仍在高处，身体依旧悬着。这样的尸体，颈部的绳索嵌进皮肉像一道沟槽，两手腕骨、头脑骨都是赤色。

自缢身死者，两眼合，唇口黑，唇开露齿；若勒喉上即口闭，牙关紧，舌抵齿不出（又云齿微咬舌）；若勒喉下则口开，舌尖出齿门二分至三分；面带紫赤色，口吻两角^①及胸前有吐涎沫^②；两手须握大拇指，两脚尖直垂下；腿上有血荫，如火灸斑痕，及肚下至小腹并坠下青黑色；大小便自出，大肠头^③或有一两点血。喉下痕紫赤色，或黑淤色，直至左右耳后发际，横长九寸以上至一尺以来。（一云丈夫合一尺一寸，妇人合一尺）脚虚，则喉下勒深；实，则浅。人肥则勒深；瘦则浅。用细紧麻绳、草索，在高处自缢，悬头顿身致死则痕迹深；若用全幅^④勒帛及白练^⑤项帕等物，又在低处则痕迹浅。低处自缢，身多卧于下，或侧，或覆。侧卧，其痕斜起横喉下；覆卧^⑥，其痕正起在喉下，止于耳边，多不至脑后发际下。

【注释】①口吻两角：嘴的两角。口吻：口唇。两角：两侧，两边。

②涎沫：涎水，唾液。

③大肠头：直肠靠近肛门的部位。

④全幅：整幅，整条。

⑤白练：白绸，白绢。

⑥覆卧：俯卧。

【译文】自缢而死的人，双眼闭合，嘴唇发黑，唇微微张开而牙齿外露；如果绳索勒在喉结上面的，嘴巴紧闭，牙关紧咬，舌头抵着牙齿但不伸出（也可以说牙齿轻微地咬住舌头）；如果绳索勒在喉结下，则嘴巴张开，舌头尖伸出牙齿外面二分至三分；凡自缢而死的人，脸面是紫红色，嘴巴两边及胸前有流出的口水，两手大拇指紧握，两脚尖垂直向下，腿上有血荫，就像火灸的斑痕，肚腹间呈青黑色，大小便失禁流出，直肠有少量出血。脖颈上的勒痕呈紫红色或淤黑色，一直延伸到左右耳后的发际，长在九寸到一尺多些。（一种说法是男子一尺一寸，女子一尺）脚悬空的,项上勒痕深;脚不完全悬空的,则勒痕浅。肥胖的人,项上勒痕深;瘦人勒痕浅。用细麻绳、草绳在高处自缢,全身悬空致死的,勒痕就深;如果用全幅丝绸、白绢或领巾等在低处自缢的,勒痕就浅。在低处自缢,身体多是半躺,或侧卧,或俯卧。侧卧的,勒痕从脖颈斜向耳后;俯卧的,勒痕从脖颈平直向后,到耳边即止,一般不会延伸到脑后的发际。

自缢处须高八尺以上,两脚悬虚,所踏物须倍高如悬虚处;或在床、椅、火炉、船仓①内,但高二三尺以来,亦可自缢而死。

若经泥雨,须看死人赤脚或着鞋,其踏上处有无印下脚迹。

【注释】①船仓:同"船舱"。

【译文】自缢地方的高度要在八尺以上,两脚悬空,所踏物体的高度必须是悬空距离的一倍;如果是在床上、椅子上、火炉上、船舱内,只要有二三尺的高度,就可自缢而死。

如果死者曾走经泥雨地面,要察看死者是赤脚还是穿鞋,踩踏物上有无脚印。

自缢,有活套头、死套头、单系十字、缠绕系。须看死人踏甚物入头①在绳套内,须垂得绳套宽入头方是。

活套头,脚到地并膝跪地亦可死。

死套头、脚到地并膝跪地亦可死。

【注释】①入头：伸头。

【译文】自缢绳索的打结方式有活套头、死套头、单系十字扣、缠绕扣。要验看死者是踩踏在什么物体上把头伸进绳套的，绳套垂下的长度足够死者把头套进去的才是自缢。

活套头，死者脚虽能着地但只要膝跪地就可以吊死。

死套头，死者脚虽能着地但只要膝跪地也可以吊死。

单系十字，悬空方可死；脚尖稍到地亦不死。

单系十字，是死人先自用绳带自系项上后，自以手系高处。须是先看上头系处尘土，及死人踏甚处物，自以手攀系得上向绳头着方是。上面系绳头处，或高或大，手不能攀，及不能上，则是别人吊起。更看所系处物伸缩，须是头坠下，去上头系处一尺以上，方是。若是头紧抵上头，定是别人吊起。

【译文】单系十字扣，死者脚悬空才能吊死，脚尖稍微能触到地面就不会吊死。

单系十字扣，是死者自己先把绳索套在脖子上，再把绳索系在高处的。这就要先验看绳套系处的尘土，以及死者是踩着什么物体上去的，死者的手要够得着系在高处的绳套才有自缢的可能。如果上面系绳子的地方太高或太大，手够不到，或上不去，那死者很可能是被人吊上去的。还要验看所系绳子的伸缩度，垂下的绳套距系绳处要有一尺以上，才可能是自缢。如果绳套紧紧抵住系绳处，这一定就是被别人吊起来的。

缠绕系,是死人先将绳带缠绕项上两遭,自踏高系在上面,垂身致死。或是先系绳带在梁栋或树枝上,双襟①垂下,踏高入头在襟内,更缠过一两遭。其痕成两路:上一路缠过耳后,斜入发际;下一路平绕项行。吏畏避驳难②,必告检官,乞只申③一痕,切不可信。若除了上一痕,不成自缢;若除下一痕,正是致命要害去处。或复检官不肯相同④书填格目,血属有词,再差官复检出,为之奈何?须是据实,不可只作一条痕检。其相叠与分开处,作两截量,尽取头了,更重将所系处绳带缠过,比并阔狭⑤并同,任从复检,可无后患。

【注释】①襟:用绳子、带子等拴成的结。

②驳难:辩驳责难。

③申:申报,呈报。

④相同:这里当"苟同或附和"讲。

⑤阔狭:宽窄。

【译文】缠绕扣,是死者先将绳索在脖子上缠绕两遭,自己踩着物体拴系到高处,悬身吊死的。或者先把绳索系在房梁或树枝上,绳套垂下,脚踩物体,把头伸入绳套,再在脖子上缠绕一两遭。这样吊死的有两道勒痕:上边一道缠绕过耳后,斜向发际;下边一道平直绕过脖颈。仵作、差役等遇到这种情况,害怕麻烦,就申报验尸官,乞求只验一道勒痕,对于此验尸官切不可答应。因为省略上边一道勒痕,无法断定是自缢;而省略下边一道勒痕,就会导致要害致命原因不明确,所以不能答应。对于只验一道勒痕的做法,复检官不肯苟同,且在验尸报告上据实填写有两道勒痕,恰巧这时死者亲属提出申诉,派出的第三位验尸官又验出有两道勒痕，该怎么办呢？所以要据实检验上报，不可只检验一道勒痕。两道索痕重叠及分开的部位，要分别测量，并在索痕的起止处做好标记，还要重新把这段绳子在颈部照原状缠绕，比较勒痕的长宽，这样不管以后如何复检，都没有后顾之忧了。

凡因患在床，仰卧将绳带等物自缢者，则其尸两眼合、两唇皮开，露齿咬舌，出一分至二分，肉色黄，形体瘦，两手拳握，臀后有粪出，左右手内多是把自缢物色至系紧，死后只在手内。须量两手拳相去几寸以来。喉下痕迹紫赤，周遭长一尺余，结缔①在喉下，前面分数较深。曾被救解，则其尸肚胀，多口不咬舌，臀后无粪。

【注释】①结缔：绳结，打结处。

【译文】凡因病在床，仰卧用绳索等物自缢的，尸体两眼合闭，唇张齿露，舌头伸出牙齿外面一二分，皮肤色黄，身体瘦弱，两手握拳，臀后有粪便排出，左右手紧紧抓住自缢用的绳索，死后仍握在手中。检验时，要测量死者左右手的距离。这样吊死的，颈部勒痕为紫红色，长一尺有余，绳结在喉结下方，前面勒痕较深。曾被解救过的，尸体肚腹鼓胀，一般口不咬舌，臀后没有粪便。

若真自缢，开掘所缢脚下穴三尺以来，究得火炭①，方是。

或在屋下自缢，先看所缢处，楣梁、枋桁②之类，尘土滚乱至多，方是。如只有一路无尘，不是自缢。

先以杖子于所系绳索上轻轻敲，如紧直乃是；或宽慢即是移尸。大凡移尸别处吊挂，旧痕挪动，便有两痕。

【注释】①究得火炭：古代民间传言，上吊而死的人冤气会凝结于地下形成火炭。这种传言不科学，因为火炭的形成与人类的生产、生活或自然环境变化有关，与自不自缢无关。

②楣梁、枋桁：楣指门和窗上的横木，梁指支架全屋的大横木，枋指梁头的方木，桁指梁间的横木。

【译文】如果真是自缢身亡，在自缢者脚下挖一个三尺深的土坑，如果发现火炭，就是自缢。

如果是在屋下自缢，先要察看自缢地方的梁、椽等物，物上尘土有多处乱痕的，才算自缢。如果尘痕只有一条，那便不是自缢。

可用棍棒轻轻敲打拴系的绳索，如果紧直，就是自缢；如果宽松，就是移尸。大凡移尸别处吊挂的，因旧有勒痕挪动，脖颈上便会有两道勒痕。

凡验自缢之尸，先要见得在甚地分①、甚街巷、甚人家、何人见？本人自用甚物？于甚处搭过？或作十字死褫系定；或于项下作活褫套。却验所着衣新旧，打量身四至，东、西、南、北至甚物？面觑甚处②？背向甚处？其死人用甚物踏上？上量头悬去所吊处相去若干尺寸？下量脚下至地相去若干尺寸？或所缢处虽低，亦看头上悬挂索处，下至所离处，并量相去若干尺寸。对众解下，扛尸于露明处，方解脱自缢套绳，通量长若干尺寸；量围喉下套头绳围长若干，项下交围，量到耳后发际起处，阔狭、横斜、长短，然后依法^③检验。

【注释】①地分：地段，地方。

②面覰甚处：脸朝何处。

③依法：按照顺序，不同于现代含义的"依法"。

【译文】凡检验自缢而死的尸体，先要看尸体在什么地方、什么街巷、什么人家、什么人见到？死者用什么东西自缢的？自缢的东西搭系在何处？是打的十字结还是活套结？再验看死者身上衣服的新旧，观察尸体四周的情况，东西南北有什么标志物？面朝何处？背朝何处？自缢时踩踏的何物？死者头部距离所吊的地方有多少尺寸？死者的脚距离地面有多少尺寸？即使上吊的地方位置较低，也要察看头上拴系绳索处，脚下悬离地面处，并测量出相距多少尺寸。当众解下尸体，把尸体抗抬到露天明亮处后，才可以解下死者脖子上的绳索，测量绳索的长度、围在尸体脖颈上的绳套的长度、颈部交围的伸到耳后发际的绳索的长度，然后，测量勒痕的宽窄、横斜、长短，这些做完才能按照顺序进行检验。

凡验自缢人，先问原申人^①，其身死人是何色目人^②？见时早晚？曾与不曾解下救应？申官^③时早晚？如有人认识，即问：自缢人年若干？作何经纪^④？家内有甚人？却因何在此间自缢？若是奴仆，先问雇主讨契书辨验，仍看契书上有无亲戚？年多少？更看原吊挂踪迹去处。如曾解下救应，即问解下时有气脉无气脉？解下约多少时死，切须仔细。

【注释】①原申人：最初的报案人。

②何种色目人：何种职业的人，何种地位的人。色目：宋代把不同身份、不同职业、不同地位的人以各种名目加以区分，甚至从服饰的颜色、车马的样式就能区别某人的职业和身份。

③申官：报官，报案。

④作何经纪：作何营生，是何职业。

【译文】凡检验自缢而死的人，先要讯问原报案人，死者是什么身份？何时发现死者上吊？有无解救？何时报案？如果有人认识死者，就问：死者年龄多少？什么职业？家里有什么人？为何在这里上吊？如果死者是奴仆，要先让雇主出示契书，看契书上记载的死者有无亲戚？年龄多少？还要察看尸体悬挂的地方、位置和痕迹等。如果死者曾被解下抢救过，就要问解下时有没有气脉，解下多久后死亡的，这些都要仔细讯问检验。

大凡检验，未可便作①自缢致命，未辨仔细。凡有此，只可作其人生前用绳索系咽喉下或上要害，致命身死，以防死人别有枉横。且如有人睡着，被人将索勒死，吊起所在，其检官如何见得是自缢致死？宜仔细也。

【注释】①便作：草率地下结论，随意验定。

【译文】大凡验尸，没有仔细检验的，就不可轻率下定自缢致死的结论。此时，只能说死者生前曾用绳索系在喉结上或喉结下的要害部位，致命身死，以防死者有被人谋害的冤屈。比如有人睡觉时，被人用绳索勒死，吊挂起来，检验官怎么断定就是上吊自杀呢？所以，一定要仔细检验。

多有人家女使、人力或外人于家中自缢，其人不晓法，避见臭秽及避检验，遂移尸出外吊挂，旧痕移动，致有两痕。旧痕紫赤有血荫；移动痕只白色无血荫。移尸事理甚分明，要公行①根究②，开坐生前与死后痕。盖移尸不过杖罪③，若漏落④不具，复检官不相照应，申作两痕，官司必反见疑，益重干连人⑤之祸。

【注释】①公行：秉公而断。

②根究：追究，追查到底。

③杖罪：杖刑。

④漏落：遗漏，隐瞒。

⑤干连人：涉案人，办案人。

【译文】常有这样的事情：奴婢、男仆或雇工在主人家自缢而死，主家不懂法，觉得这是晦气事，又担心尸体腐臭害怕官府来讯问检验，于是就把尸体移到外面吊挂，这样死者脖颈上的勒痕有所移动，就形成了两条勒痕。原勒痕呈紫红色且有血荫，移动后的勒痕则为白色没有血荫。移尸迹象明显的，要追问移尸者的责任，分清生前勒痕与死后勒痕。移尸不过受杖责，但如果遗漏不报，复检官又不苟同照应，验尸报告上写作两道勒痕，上级部门必然生疑，重新派人检验，这样不但会加重自己的罪行，也会牵连其他与本案相关的人员。

尸首日久坏烂，头吊在上，尸侧在地，肉溃见骨。但验所吊头。其绳若入槽（谓两耳连颔下深向骨本者），及验两手腕骨、头脑骨，皆赤色者是。（一云齿赤色，及十指尖骨赤色者是）

【译文】上吊的尸体未被人发现，日久腐烂，头吊在上面，尸身则侧倒在地，皮肉溃烂地露出骨头。这种情况，只检验吊在上面的头即可。如果绳索已经嵌入沟槽（指两耳后连通颔下深骨的沟槽），以及两手腕骨、头脑骨都是赤色，就可断定是自缢而死。（还有一种说法，牙齿为赤色，以及十指尖骨为赤色的也是自缢而死）

二十 打勒死假自缢

【题解】本篇讲的是假自缢,即被打死或勒死后伪造自缢现场的。本文提到的鉴别真自缢与假自缢的方法与现代的大体相似。但本文提到一种较难辨别的情形,即人被勒昏时马上被悬吊而起伪装自缢的。面对这种情况,宋慈说:"如迹状可疑,莫若检作勒杀,立限捉贼也。"通过本节的记载,我们应该知道面对狡猾凶顽的歹徒,检验官要储备更多的知识和经验,运用更多的智慧才能将其绳之以法。

自缢、被人勒杀或算杀假作自缢,甚易辨。真自缢者,用绳索、帛之类系缚处,交至左右耳后,深紫色,眼合唇开,手握齿露。缢在喉上则舌抵齿;喉下则舌多出。胸前有涎滴沫,臀后有粪出。若被人打勒杀,假作自缢,则口眼开,手散发慢,喉下血脉不行,痕迹浅淡,舌不出,亦不抵齿,项上肉有指爪痕[1],身上别有致命伤损去处。

【注释】①指爪痕:指抓痕。
【译文】上吊自杀的,与被人勒死或谋杀后伪造现场假作自缢的,很容易分辨。真正自缢的，用绳索、绸帕等绑缚的部位，勒痕只延伸到左右耳后，呈深紫色，眼睛闭着，嘴唇张开，两手握拳，牙齿露出。绳索套在喉结上方的则舌尖抵住牙齿，在喉结下方的则舌头伸出。胸前有涎水滴沫，肛门有粪便流出。如果是被人打死、勒死却伪装成上吊自杀的，一般嘴和眼睛张开，手掌伸张，头发散乱，喉部由于血脉不通，勒痕浅淡，舌头不伸出也不抵齿，颈部有指抓的痕迹，另外，身上也会有致命伤痕。

惟有生勒未死间，即时吊起，诈作自缢，此稍难辨。如迹状可疑，莫若检作勒杀，立限捉贼也。

凡被人隔物①或窗棂或林木之类勒死，伪作自缢，则绳不交。喉下痕多平过，却极深，黑黯色，亦不起于耳后发际。

绞勒喉下死者，结缔②在死人项后，两手不垂下，纵垂下亦不直，项后结交，却有背倚柱等处或把衫襟皱着，即喉下有衣衫领黑迹，是要害处气闷身死。

【注释】①隔物：隔着物体被勒死。这种被勒致死，因为隔着窗棂、木柱等物体，所以勒痕不会延伸到颈后，只在颈前呈马蹄形。

②结缔：绳结，结扣。

【译文】只有被勒还未死就被吊起，又伪装成自缢的，最难辨别。如果情况可疑，不如暂定为被勒致死，立刻限令捉拿凶手。

凡被人隔物勒死，或是窗棂，或是树木等，伪装成上吊自杀的，则勒痕不交接，一般平行而过，但痕沟较深，呈暗黑色，也不会延伸至耳后发际。

绳索套在喉结下方被勒死的，绳结在死者脖子后面，两手不下垂，即使下垂也不直。检验脖子后面的勒痕，要考虑死者被勒死时是否背靠柱子或有衣领衬垫等。如果喉下衣领有黑色压痕，则是死者要害部位被勒窒息而死。

凡检被勒身死人，将项下勒绳索，或是诸般带系，临时^①仔细声说，缠绕过遭数，多是于项后当正或偏左右系定，须有系不尽垂头处。其尸合面地卧，为被勒时争命，须是揉扑得头发或角子^②散慢，或沿身上有磕擦着痕^③。

凡被勒身死人，须看觑尸身四畔，有扎磨踪迹^④去处。

又有死后被人用绳索系扎手脚及项下等处，其人已死，气血不行，虽被系缚，其痕不紫赤，有白痕可验。死后系缚者，无血荫，系缚痕虽深入皮，即无青紫赤色，但只是白痕。

有用火篦烙成痕^⑤，但红色或焦赤，带湿不干。

【注释】①临时：指验尸时。

②角子：发髻，髻子。

③磕擦着痕：因磕碰摩擦留下的伤痕。

④扎磨踪迹：挣扎摩擦的痕迹。

⑤用火篦烙成痕：指用烧热的篦子在死者身上伪造的伤痕。

【译文】凡检验被勒身死的人，要仔细检验颈部绳索及各种系扎情况，并大声唱报出绳索的缠绕圈数。凡颈部被多重绳索缠绕而死的，绳结一般在颈部正中或偏左右一些，也应该有没系完的绳子垂下的痕迹。尸体多俯卧在地，可能会因为被勒时拼命挣扎，弄得头发或髻子散乱，或周身有磕碰的痕迹。

　　凡被勒身死的人，要仔细察看尸体四周，因为可能会留下死者挣扎摩擦的痕迹。

　　又有死后被绳索系扎手脚、颈部等处，因人已死，呼吸停止，血脉不通，虽然被系缚过，但勒痕不是紫红而是白色，这也是被系缚过的痕迹。死后被系缚的，没有血荫，纵使绑痕深入皮中，也非青紫红色而是白色。

　　有用烧红的篦子烙在死者颈部冒充勒痕的，这种痕迹呈红色或焦红色，带湿不干。

二一 溺死

【题解】本节中，宋慈说到了四种溺死情况，即自溺和被溺，生前溺和死后溺。生前溺的征象，本文描写得很详细，大部分内容至今仍在使用，但也有很多错误和片面的地方。如说溺水的尸体肚腹膨胀，拍着响，这就把部分溺水尸体的征象普遍化了。实际上，很多的溺水者，肚腹内无水也不膨胀，至于说失足落水者腹略胀，投水自杀者极胀，更是片面。总之，不能以肚腹是否膨胀或膨胀的程度来判断是不是溺死，更不能以此来判断自溺还是被溺。

在验投井而死的尸体时，如果死者未曾与人结仇争斗，尸体面目却有刮伤痕，这刮伤痕又是生前痕的，要检验井内有无破碎的瓷器之类，以防被其刮伤。可见，宋慈的细心。

对于溺死的人，应该如何填写验尸报告？宋慈指出两种特殊情况：一，尸体高度腐烂至无法检验的，可以不用说明致死原因；二，如果奴婢或妻女被打后自己投水而死的，在验尸表格上要注明是"被打复溺水身死"。

若生前溺水尸首，男仆卧，女仰卧。头面仰，两手、两脚俱向前，口合、眼开闭不定，两手拳握，腹肚胀，拍着响。（落水^①则手开,眼微开,肚皮微胀。投水^②则手握,眼合,腹内急胀)**两脚底皱白不胀,头髻紧,头与发际、手脚爪缝、或脚着鞋则鞋内各有沙泥,口鼻内有水沫,及有些小淡色血污,或有磕擦损处。此是生前溺水之验也。**(盖其人未死必须争命,气脉往来,搐水入肠^③,故两手自然拳曲,脚蹄缝各有沙泥,口鼻有水沫流出,腹内有水胀也。)

【注释】①落水:此处指自己失足落水。

②投水:此处指自己投水。

③搐水入肠:吸水入肠。

【译文】如果是生前溺水而死的尸首,一般是男俯卧,女仰卧。头面上仰,两手、两脚都向前伸,口闭,眼有的开有的闭,两手握拳,肚腹胖胀,拍打有响声,(意外落水的则手张开,眼微睁,肚皮微胀。自己投水的则手握拳,眼闭,腹内很胀)两脚底起皱发白但不膨胀,头上发髻紧而不散,头与发际、手脚指甲缝里都有泥沙,如果穿着鞋子,鞋子里也会有泥沙。口腔、鼻孔内有水沫及一些淡红色的血污,其他部位或许会有磕碰摩擦的伤痕。这些都是生前溺水的特征。(因为人落水后必然拼命挣扎,呼吸急促,吸水入肠,这样就导致了死者两手自然拳曲,脚趾甲缝里有泥沙,口腔、鼻孔内有水沫流出,腹内积水而膨胀。)

若检复迟,即尸首经风日吹晒,遍身上皮起,或生白疱。

若身上无痕,面色赤,此是被人倒提水搵死^①。

若尸面色微赤,口鼻内有泥水沫,肚内有水,腹肚微胀,真是淹水身死。

若因病患溺死,则不计水之深浅,可以致死,身上别无它故。

若疾病身死,被人抛掉在水内,即口鼻无水沫,肚内无水,不胀,面色微黄,肌肉微瘦。

若因患倒落泥渠内身死者,其尸口眼开,两手微握。身上衣裳并口、鼻、耳、发际并有青泥污者,须脱下衣裳,用水淋洗,酒喷其尸。被泥水淹浸处,即肉色微白,肚皮微胀,指甲有泥。

若被人殴打杀死,推在水内,入深则胀,浅则不甚胀;其尸肉色带黄不白,口眼开,两手散,头发宽慢,肚皮不胀,口、眼、耳、鼻无水沥流出,指爪罅缝并无沙泥,两手不拳缩,两脚底不皱白,却虚胀。身上有要害致命伤损处,其痕黑色,尸有微瘦。临时看验,若检得身上有损伤处,录其痕迹。虽是投水,亦合押合干人赴官司推究②。

【注释】①揾死:摁入水中淹死。
②推究:追查,审问。

【译文】如果初检、复检延迟,尸首经过风吹日晒,水分蒸干,全身皮肤脱落,或有白色的疱疹出现。

如果尸身上没有伤痕,面色发红,则是被人倒提着摁入水中憋死的。

如果尸体面色微红,口腔、鼻孔内有泥沙水沫,肚内有水,肚腹微胀,这样才真正是自己落水淹死的。

如果是患病求死,不管水的深浅,都可以致死,身上没有其他的伤损。

如果是因病发死亡后被人抛入水中的，则口腔、鼻孔内无水沫，肚内无水，不膨胀，面色微黄，肌肉较瘦。

如果因病倒落在沟渠、水塘内身死的，则尸体口眼张开，两手微握。身上的衣裳及口、鼻、耳、发际有青色污泥的，须脱下衣裳，用水淋洗，用酒喷洒尸体。被泥水浸泡过的部位，则肉色微白，肚皮微胀，手脚指甲里有泥。

如果被人殴打死后推入水内，落水处水深的尸体就会发胀，水浅的就不怎么鼓胀。尸体肉色黄而不白，口开眼睁，两手伸张，头发散乱，肚皮不鼓胀，口、眼、耳、鼻无水滴流出，手脚指甲缝里无泥沙，两手不拳缩，两脚底不起皱发白，却有肿胀。身上有要害致命伤损的地方，伤痕为黑色，尸体微瘦。现场验尸时，如果检验出尸身上有伤损的地方，要详细记录。

纵使是自行投水，也要缉拿涉案人员送官查问。

诸自投井、被人推入井、自失脚落井，尸首大同小异，皆头目有被砖石磕擦痕，指甲毛发有沙泥，腹胀，侧覆卧之，则口内水出。别无他故，只作落井身死，即投井、推入在其间矣。所谓落井小异者，推入与自落井则手开、眼微开，腰身间或有钱物之类；自投井则眼合手握，身间无物。

大凡有故入井，须脚直下；若头在下，恐被人赶逼，或它人推送入井。若是失脚，须看失脚处土痕。

【译文】凡自行投井、被人推入井、自己失脚落井的，尸首情况大同小异，头部、面部都有被砖石磕碰擦伤的痕迹，指甲头发内有泥沙，肚腹膨胀，尸体侧卧或俯卧，口内有水流出。如果没有其他明显特征，只能定作落水身死，这种说法，既包括自己投水的也包括被人推入水中的。所谓情况的稍微不同，是指被推入井的两手张开，眼微睁，身上或有钱物之类；自己投井而死的，眼闭合，两手握拳，身上没有钱物。

凡因某些缘故落井的，应该是双脚直插井底；如果头向下，可能是被人追赶被迫入井或被人推入井内。如果失脚落井，要察看失脚处的泥土痕迹。

自投河、被人推入河，若水稍深阔，则无磕擦沙泥等事；若水浅狭，亦与投井、落井无异。大抵水深三四尺皆能淹杀人。验之果无它故，只作落水身死。则自投、推入在其间矣。若身有绳索，及微有痕损可疑，则宜检作被人谋害，置水身死。不过立限捉贼①，切勿恤一捕限②，而贻罔测之忧③。

诸溺河池，（行运者谓之河，不行运者谓之池）检验之时，先问原申人④：早晚见尸在水内？见时便只在今处⑤，或自漂流而来？若是漂流而来，即问是东、西、南、北？又如何流到此便住⑥？如何申官⑦？如称见其人落水，即问：当时曾与不曾救应？若曾救应，其人未出水时已死，或救应上岸才死？或即申官，或经几时申官？

若在江、河、陂⑧、潭、池塘间，难以打量⑨四至，只看尸所浮在何处。如未浮打捞方出，声说在何处打捞见尸。池塘或坎阱⑩有水处可以致命者，须量见浅深丈尺，坎阱则量四至。江、河、陂、潭尸起浮或见处地岸，并池塘坎阱系何人所管？地名何处？

【注释】①不过立限捉贼：一定要在规定限期捉住凶手。不过：只要，只是，这里引申为"一定，必须"。立限：规定时日，立定期限。

②切勿恤一捕限：不要因为顾虑能否在一定期限内捉到凶手而延误时间。恤：顾忌，顾虑。捕限：捕捉凶手的期限。

③贻罔测之忧：留下未曾预料的灾祸。贻：遗留，留下。罔测之忧：出乎意料的祸端。

④原申人：报案人。

⑤今处：这里。

⑥住：停住。

⑦申官：报官。

⑧陂：有围护的池塘。

⑨打量：测量。

⑩坎阱：陷阱，坑洞。

【译文】自己投河、被人推下河的，如果河水较深较阔，身上就没有磕碰擦伤的痕迹和沾带泥沙的现象；如果河水较浅较窄，尸体情况与投井、落井的差不多。一般水深三四尺就能淹死人。检验时如果验不出其他的损伤，只定作落水身死，这种说法，既包括自己投水的也包括被人推入水的。如果身上有绳索及可疑的伤痕，则应该验作被人谋杀置于水中死亡的。一定要限期捕捉凶手，千万不要延迟，以免留下预想不到的后果。

凡淹死在河池里的尸体，（水流动的称为河，水不流动的称为池）检验时，先询问报案人：何时发现尸体在水内？发现时尸体原本就在此处，还是从别处漂流来的？如果是漂流而来，问他是从东西南北哪个方位漂来的？为什么漂流到这里便停住了？怎样向官府报的案？如果报案人亲眼看到死者落水，就问：当时有没有营救？如果实施过营救，死者是在水里就已死了，还是救上岸才死的？是立刻报的官，还是经过多少时间才报的官？

如果尸体漂浮在江、河、陂、潭、池塘间，难以测量四周界物的，可以只察看尸体漂浮的位置。如果尸体没有浮出水面，是打捞出来的，要报说在何处打捞出的尸体？池塘或坑洞有水且能致命的，要测量出水的深浅以及坑洞到四周标志物的距离。江、河、陂、潭的尸体漂浮处或发现尸体的地岸，以及池塘、坑洞归何人管辖，地名叫什么。

诸溺井之人，检验之时，亦先问原申人，如何知得井内有人？初见有人时，其人死未？既知未死，因何不与救应？其尸未浮，如何知得井内有人？若是屋下之井，即问：身死人自从早晚不见？却如何知在井内？凡井内有人，其井面自然先有水沫，以此为验。

量井之四至，系何人地上？其地名甚处？若溺尸在底，则不必量，但约深若干丈尺，方捹尸出。

尸在井内，满胀则浮出尺余，水浅则不出。若出，看头或脚在上在下，先量尺寸；不出，亦以丈竿量到尸近边尺寸，亦看头或脚在上、在下。

【译文】凡在井里淹死的人，检验时，也要先审问原报案人，如何知道井内有人？初见有人时，其人死没有死？既然知道没有死，为何不营救？尸体没有浮出水面，怎么知道井内有人？如果是屋边的井，就问：死者何时不见的？怎么知道死者在井里？只要井里有人，井面就有水泡冒出，可凭此推测井内有无尸体。

测量井的四周，在何人地上？地名叫什么？如果尸体沉在井底，可以不量深浅，只大约估计下水深，把尸体捞出来即可。

尸体在井里，如已膨胀则会浮出水面一尺多，水浅则不会浮出。如果尸体浮出水面，要看头或脚朝上还是朝下，并量出尺寸；尸体没有浮出的，用竹竿伸到尸体旁边测量水的深度，也要察看头或脚朝上还是朝下。

检溺死之尸，水浸多日，尸首胖胀，难以显见致死之因，宜申说：头发脱落、头目胖胀、唇口番张，头面连遍身上下皮肉并皆一概青黑、褪皮①。验是本人在井或河内，死后水浸，经隔日数，致有此。今来无凭检验本人沿身有无伤损它故，又定夺年颜、形状不得，只检得本人口鼻内有沫，腹胀。验得前件尸首委是某处水溺身死，其水浸更多日，无凭检验，即不用申说致命因依②。

初春雪寒，经数日方浮，与春、夏、秋、末不侔。

凡溺死之人，若是人家奴婢或妻女，未落水先已曾被打，在身有伤，今次③又的然④见得是自落水或投井身死，于格目⑤内亦须分明具出伤痕，定作被打复溺水身死⑥。

投井死人，如不曾与人交争，验尸时面目头额有利刃痕，又依旧带血，似生前痕，此须看井内有破瓷器之属，以致伤着。人初入井时，气尚未绝，其痕依旧带血，若验作生前刃伤，岂不利害！

【注释】①褪皮：表皮脱落。

②因依：依据。

③今次：这次，此次。

④的然：确实，的确。

⑤格目：表格，这里指验尸报告。

⑥被打复溺水身死：被打后投水身死。

【译文】检验淹死的尸体，经水浸泡多日，尸首臭胀，难以看出明显的致死原因，应该这样报说：头发脱落，头面发胀，口唇外翻，头面及全身上下皮肉，一概呈青黑色，皮肤褪落。验明尸体在井或河内，被水浸泡，时隔多日，造成目前这种情况。现在无法检验尸体周身有没有损伤，年龄相貌、身材形状也无法验定，只检验出尸体口鼻内有水沫，肚腹膨胀。验定某具尸体确实是在某处淹死，经水浸泡多日，腐烂至无法检验的，可以不必报说致命原因。

初春天气寒冷，尸体要经过好几天才会浮出水面，与春、夏、秋末不一样。

凡淹死之人，如果是人家的奴婢或妻妾，没有落水前已受殴打，身上有伤，这次检验的又确实是自己落水或投井而死的，这就需要在验尸报告里写出所有伤痕，并定作被打后溺水而亡。

投井而死的人，如果生前未曾与人发生争执，验尸时却发现头面上有利刃伤，并带有血迹，类似生前伤痕的，要察看井内是否有破碎的瓷片，以致投井时被人划伤。因为人刚落井时，尚有气息，血液依旧循环，故伤痕仍然带血。如果因伤痕带血就验作生前被利刃所伤，那错误不就太大了吗！

卷之四

二二 他物手足伤死

【题解】他物伤即今天我们所说的钝器伤。本节对什么属于钝器，钝器伤在什么部位才算致命伤，以及钝器伤的颜色、大小、形态等均作了详细的论述，并且在验伤时要"看其痕大小，量见分寸，又看几处皆可致命，只指一重害处，定作虚怯要害致命身死"。文中还列举了两种伪造的他物伤伤痕——用榉树皮罨成痕和将青竹篦火烧烙之。

什么是手足伤呢？是不是只要是手足造成的伤都要算作手足伤？不是。宋慈在本文就进行了区别："以靴鞋踢伤人，坚硬即从他物，若不坚硬，即难作他物例"，"或额、肘、膝拶，头撞死，并作他物痕伤"。

律①云：见血为伤。非手足者，其余皆为他物，即兵不用刃，亦是。

伤损条限②：手足十日，他物二十日。

斗讼③敕：诸啮人④者，依他物法。

元符⑤敕《申明刑统》：以靴鞋踢人伤，从官司验定，坚硬即从他物，若不坚硬，即难作他物例。

或额、肘、膝拶⑥，头撞致死，并作他物痕伤。

诸他物是铁鞭、尺、斧头⑦、刀背、木杆棒、马鞭、木柴、砖、石、瓦、粗布鞋、衲底鞋、皮鞋、草鞋之类。

【注释】①律：这里指宋朝的法律。

②限：保辜期限。

③斗讼：有关打斗的诉讼案件。

④啮人：咬人。

⑤元符：宋哲宗的年号（1098年~1100年）。

⑥拶：挤压，撞击。

⑦斧头：这里指斧背，非刃的一面。

【译文】刑律规定：见到血的为伤，拳脚伤外，其他的都算他物伤，即使使用的是兵器的非刃面，也算他物伤。

伤损的保辜期限：手足伤十天，他物伤二十天。

有关斗讼的敕令规定：凡咬人的，根据他物法论处。

元符年间颁布的《申明刑统》规定：以靴鞋踢人致伤，听从官府验定，坚硬的算作他物伤，如果不坚硬，就难以他物伤论处了。

用额、肘、膝、头撞击人致死的，也算作他物伤。

所谓他物指铁鞭、尺、斧头、刀背、木杆棒、马鞭、木柴、砖、石、瓦、粗布鞋、皮鞋、草鞋等。

若被打死者，其尸口眼开，发髻乱，衣服不齐整，两手不拳①，或有溺污内衣②。

若在辜限外死，须验伤处是与不是在头，及因破伤风灌注，致命身死。

应验他物及手足殴伤，痕损须在头面上、胸前、两乳、胁肋旁、脐腹间、大小便二处，方可作要害致命去处。手足折损亦可死，其痕周匝③有血荫，方是生前打损。

诸用他物及头额、拳手、脚足、坚硬之物撞打，痕损颜色其至重者紫黯微肿，次重者紫赤微肿，又其次紫赤色，又其次青色。其出限外痕损者，其色微青。

凡他物打着，其痕即斜长或横长；如拳手打着即方圆；如脚足踢，比如拳手分寸较大。（凡伤痕大小定作手足他物，当以上件物④比定，方可言分寸。）凡打着两日身死，分寸稍大⑤，毒气蓄积向里，可约得一两日后身死；若是打着当下身死，则分寸深重⑥，毒气紫黑，即时向里，可以当下身死。

【注释】①两手不拳：两手不握拳。

②溺污内衣：因小便失禁致使尿液污脏内衣。

③周匝：周围。

④上物件：上面提到的鞭、尺、木杆棒、砖、石、瓦等物。

⑤打着两日身死，分寸稍大：被打两日后死亡的，伤口分寸会有所扩大。因为人受伤后并未立即死亡，血液依旧流动，原伤口处的皮下出血扩散、转移，从而使伤口变大。

⑥分寸深重：伤口面积大且深。

【译文】如果是被殴打死的，尸体口张眼睁，发髻散乱，衣服不整齐，两手不握拳，有的有小便玷污内衣。

如在保辜期限外死亡的，要验看损伤地方是不是位于头部及是不是因为破伤风灌入伤口导致的死亡。

检验他物伤及手足伤,伤痕必须在头脸上、胸前、两乳、胁肋旁、脐腹间、大小便二处,才可定作要害致命的部位。手足折损也可导致死亡,伤痕周围有淤血,才是生前被殴打而折损的。

凡用他物及头、额、拳手、脚足、坚硬物体撞打,伤势很重的伤痕呈紫黑色并微肿,较重的呈紫红色并微肿,一般的呈紫红色,轻的为青色。过了保辜期限的损痕,颜色稍微发青。

凡被他物打伤,伤痕斜长或横长;被拳头打伤,伤痕呈方圆状;如果是脚足踢伤,伤痕比拳头造成的伤痕略大。(凡以伤痕大小来断定是他物伤还是手足伤的,应将上面所讲的那些物件与伤痕比照验证,才可以说尺寸。)凡被打两日后身死的,伤痕会比刚被打时稍大,由于毒气聚集在伤口里,所以才会被打两日就死亡;如果是被打当场死亡的,则伤口深重,呈紫黑色,由于毒气立时攻入伤口,才会导致当场死亡。

诸以身去就物谓之磕。虽着无破处,其痕方圆①;虽破,亦不至深。其被他物及手足伤,皮虽伤而血不出者,其伤痕处有紫赤晕。

【注释】①方圆:或方或圆。

【译文】凡身体碰撞到物体的叫做磕。一般磕碰痕呈方圆形,无破损;即使破损,伤口也不深。被他物及手足所伤,皮肤破损但未出血的,伤痕处有紫红色的斑晕。

凡行凶人若用棒杖等行打,则多先柱实处。其被伤人或经一、两时辰,或一、两日,或三、五日以至七、八日,十余日身死。又有用坚硬他物行打，便致身死者，更看痕迹轻重。若是先驱捽①被伤人头鬓，然后散拳踢打②，则多在虚怯要害处③，或一拳一脚便致命。若因脚踢着要害处致命，切要仔细验认行凶人脚上有无鞋履，防日后问难。

【注释】①驱捽：驱上前揪打。

②散拳踢打：没有规律地拳打脚踢。

③虚怯要害处：虚弱的要害部位，引申为即使轻微受伤也会致命的部位，如颈动脉、阴囊、心窝等。

【译文】如果行凶人用棍棒殴打，往往先打在骨骼等身体坚实部位。被伤人有的隔一两个时辰，有的隔一两日，有的隔三五日以至于七八日、十余日才死亡。也有用坚硬物体殴打，致被打人当场死亡的，更要验看伤痕的轻重。如果是先揪住被伤人的发鬓，然后拳打脚踢的，伤痕多在虚软的要害部位，有的一拳一脚便可致命。如果是因为脚踢在要害部位致命，要仔细验看行凶人脚上是否穿着靴鞋，以防日后上司查问。

凡他物伤，若在头脑者，其皮不破，即须骨肉损也。若在其他虚处，即临时看验。若是尸首左边损，即是凶身行右物致打顺故也①；若是右边损，即损处在近后，若在右前，即非也。若在后，即又虑凶身自后行他物致打。贵在审之无失。

【注释】①凶身行右物致打顺故也：凶手持物从自己的右侧顺手殴打的缘故。

【译文】凡他物伤，如果在头部，皮肤没有破损，就很可能是内部的骨肉损伤了。如果是在其他虚软部位，要当场验看。如果尸体左边有损伤，可能是行凶人右手拿着凶器顺手殴打所致；如果尸体右边有损伤，可能是行凶人右手拿着凶器从靠近受害人身体的后面殴打所致，如果伤痕在右前方，就不是这样殴打造成的了。如果尸体伤痕在后面，那就要考虑行凶人可能是从受害人身后用物殴打所致。这些贵在检验官的仔细验审，方保无误。

看其痕大小，量见分寸。又看几处皆可致命，只指一重害处，定作虚怯要害致命身死。

打伤处皮膜相离，以手按之即响①，以热醋罨则有痕。

凡被打伤杀死人，须定最是要害处致命身死。若打折脚手，限内或限外死时，要详打伤分寸阔狭后，定是将养不较②，致命身死。面颜岁数，临时声说。

凡验他物及拳、踢痕，细认斜长方圆，皮有微损。未洗尸前，用水洒湿，先将葱白捣烂涂，后以醋糟，候一时除，以水洗，痕即出。

若将榉木皮罨成痕，假作他物痕，其痕内烂损黑色，四围青色，聚成一片，而无虚肿，捺不坚硬③。

又有假作打死，将青竹篦火烧烙之④，却只有焦黑痕，又浅而光平。（更不坚硬）

【注释】①打伤处皮膜相离，以手按之即响：被打伤后，表皮与皮下软组织分离，出现间隙，所以触摸时有轻微响声。

②将养不较：调养不好，休养不善。

③捺不坚硬：用榉树皮伪造的伤痕，没有瘀血和肿胀，所以捺之不

硬。

④青竹篦火烧烙之：将竹篦烤热后烙在皮肉上伪造的伤痕，没有瘀血和肿胀，所以"浅而光平，更不坚硬"。

【译文】察看伤痕大小，测量分寸，还要察看有几处伤痕可以致命，然后验出一个伤势最重的要害部位，定作身体虚软处的要害致命伤。

被打伤部位皮肤和肌膜脱离的，用手按之有响声，用热醋敷贴，伤痕就会显现。

凡被打伤致死的，要在诸多伤痕中指定一个最严重的作为要害致命伤。如果手脚被打断，在保辜期限内或期限外死亡的，先要详细验看伤口的大小宽窄，然后再断定是否因调养不善而致命死亡。死者的年龄容貌，要当场大声报唱出来。

凡验他物伤及拳脚伤，要仔细辨认伤痕是斜长还是方圆，皮肉有无破损。还未清洗尸体前，用水洒湿，先把葱白捣烂涂在要检验的部位，然后浇洒糟醋，一个时辰之后，除掉糟醋，用水清洗，伤痕就会显现。

如果是用榉树皮伪造的他物伤伤痕，其伤痕内部虽然坏烂呈黑色，但伤口四周却呈青色，聚成一片，并且不浮肿，摁之不硬。

又有伪造被打死痕迹的，用烧热的青竹篦烙印在尸体上，但这种痕迹只有烧焦的黑痕，既浅又平滑。（以手摁之更没有坚硬的感觉）

二三 自刑

【题解】自刑①指自杀和自残，这里侧重说的是自杀。关于自杀本文主要指出了两种：一，用锐器（刀或其他刃物）自杀；二，用牙齿咬下自己的手指而死。用锐器自杀又可分为割喉自杀和砍下手臂或手指致死。

本文最精辟的地方是关于自杀和他杀、生前伤和死后伤的鉴别：如果是生前伤，"其痕肉皮头卷向里"；"如死后伤者，即皮不卷向里"；至于自己割喉的，"其痕起手重，收手轻"；自己用牙齿咬下手指因破伤风而死的，"其痕有口齿迹，及有皮血不齐去处"。这些都是宋慈自身经验的高度概括，也很有科学道理，直到今天仍有很多的借鉴意义。

凡自割喉下死者，其尸口眼合，两手拳握，臂曲而缩，（死人用手把定刃物，似作力势，其手自然拳握）肉色黄②，头髻紧。

若用小刀子自割，只可长一寸五分至二寸；用食刀③，即长三寸至四寸以来；若用瓷器，分数不大。逐件器刃自割，并下刃一头尖小，但伤着气喉④即死。

若将刃物自斡着⑤喉下、心前、腹上、两胁肋、太阳、顶门要害处,但伤着膜⑥,分数⑦虽小即便死;如割斡⑧不深,及不系⑨要害,虽三、两处,未得致死。若用左手,刃必起自右耳后,过喉一、二寸;用右手,必起自左耳后。伤在喉骨上难死,盖喉骨坚也。在喉骨下易死,盖喉骨下虚⑩而易断也。其痕起手重,收手轻。(假如用左手把刃而伤,则喉右边下手处深,左边收刃处浅,其中间不如右边。盖下刃太重,渐渐负痛缩手,因而轻浅,及左手须似握物是也。右手亦然)

【注释】①自刑:指自己迫害自己造成的伤亡。

②肉色黄:皮肤的颜色发黄。

③食刀:菜刀。

④气喉:喉管。

⑤斡着:碰着,切割。

⑥膜:器官的包膜,如心膜、胸膜。

⑦分数:分寸,这里指伤口的深度。

⑧割斡:切割,划割。

⑨不系:不是。

⑩虚:柔软,易受伤致死。

【译文】凡自己割喉死的,尸体口闭眼合,两手握拳,手臂曲缩,(死者的手抓着刃物,好像在用力,两手自然会摆出握拳的姿势),皮肉发黄,头发不乱。

如果用小刀割喉,伤痕长一寸五分至二寸;用菜刀,伤痕长三寸至四寸;如用瓷片,伤痕分寸不大;用各种器物的利刃和尖锐的一头自割,只要伤着气管就会致死。

如果用刃物在喉下、心前、腹上、两胁肋、太阳穴、顶门等要害部位自割，只要伤到脉膜，伤口虽小也会导致死亡；如果伤口不深，又不是要害部位，即使自割的地方有两、三处，也不会致命。如果是用左手自割，刀口一定起于右耳后，经过喉部一、二寸；如用右手，刀口一定起于左耳后。自割处在喉骨部位的，很难立即死亡，因为喉骨坚硬。如果割在喉骨下，则容易死亡，因为喉骨下柔软易断。自割的伤痕，往往起手重，收手轻。（如果用左手持刃自割，喉右边起手处的刀痕比较深，左边收手处的刀痕比较浅，中间部位的刀痕不如右边深重。因为自割时下刀太重，后因疼痛缩手，所以刀痕变得轻浅，这样自割的左手会做出类似握有某种物体的样子。右手持刃自割也是这种情况）

　　凡自割喉下，只是一出刀痕[1]。若当下身死时，痕深一寸七分，食系、气系[2]并断；如伤一日以下身死，深一寸五分，食系断，气系微破；如伤三、五日以后身死者，深一寸三分，食系断，须头鬓角子散慢。

　　更看其人面愁而眉皱，即是自割之状。（此亦难必）

　　若自用刀剁[3]下手并指节者，其皮头皆齐，必用药物封扎。虽是刃物自伤，必不能当下身死，必是将养不较致死。其痕肉皮头卷向里[4]；如死后伤者，即皮不卷向里，以此为验。

　　又有人因自用口齿咬下手指者，齿内有风[5]着于痕口，多致身死，少有生者。其咬破处疮口[6]一道，周回骨折，必有浓水淹浸，皮肉损烂，因此，将养不较，致命身死。其痕有口齿迹，及有皮血不齐去处。

　　【注释】①一出刀痕：一条刀痕。

②食系、气系：食管和气管。

③刴：砍。

④其痕皮肉头卷向里：伤口处的皮肉向里卷，这是生前受伤的伤口特征。

⑤风：指破伤风。

⑥疮口：伤口。

【译文】凡自割喉管，只有一处刀痕，当场就死的，伤口深一寸七分，食管、气管一并割断；如果受伤后一天之内死去的，伤口深一寸五分，食管割断，气管破损；如果受伤后三五日才死去的，伤口深一寸三分，食管割断，头发髻子散乱。

此外，自割而死的人面带愁颜，眉头紧皱，这是自割的表情。（并不是所有自割者都是这样）

如果死者曾用刀刴过手或手指，皮肉断裂处应该比较齐整，也必定会用药物包扎。虽然是用锐利的刃物自伤，但也不会立即就死，必是调养不善导致的死亡。这种情况死亡的刀痕处的皮肉向里卷；如果是死后被人刴断的，皮肉不向里卷，可据此验定是生前自伤还是死后他伤。

又有用牙齿自己咬下手指的，因牙齿有病毒，感染伤口，大多造成死亡，很少有人能活下来。咬破的地方有一道伤口，周围骨折，有脓水流出，皮肉溃烂。因此，调养不好，也会导致死亡。这样死去的，伤口处有牙齿痕，皮肉断裂得参差不齐。

验自刑人，即先问原申人：其身死人是何色目人？自刑时或早或晚？用何刃物？若有人来认识，即问：身死人年若干？

在生之日使左手、使右手? 如是奴婢, 即先讨契书看, 更问: 有无亲戚? 及已死人使左手、使右手? 并须仔细看验痕迹去处。

　　更须看验, 在生前刃伤, 即有血行①; 死后即无血行。

　　【注释】①在生前刃伤, 即有血行: 生前受刀伤的, 因为有血液循环会出现伤口皮肉卷缩的特征, 死后伤没有该特征。

　　【译文】检验自伤自杀的人, 先审问报案人: 死者是什么职业什么身份? 自伤自杀是什么时候? 用何物自伤自杀? 如果有人来认尸, 就问: 死者多大年龄? 生前惯用左手还是右手? 如果是奴婢, 先向主家讨要契书察看, 进一步问: 有无亲戚及死者惯用左手还是右手? 一定要仔细认真地查验伤痕。

　　还要注意的是, 生前自伤的, 因血脉运行, 伤口会有一些反应; 死后被伤的, 因没有血脉流通, 伤口没有反应。

二四 杀伤

【题解】有关杀伤的检验, 本节主要讨论的是使用锐器、钝器造成的他杀伤。在本节的一开始, 宋慈就说: "凡被人杀伤死者, 其尸口眼开, 头髻宽或乱, 两手微握。"宋慈的这种说法太肯定。其实, 他杀的尸体口眼不一定张开, 两手也不一定握拳, 至于发髻是否松散要看死者死前的抵抗程度, 如果是突遭袭击就死亡的, 发髻或许不会散乱。

检验杀伤致死的尸体, 重要的是要做到三点:

一, 辨别是生前伤还是死后伤。"如生前被刃伤, 其痕肉阔, 花纹交出; 若肉痕齐截, 只是死后假作刃伤痕。如生前刃伤, 即有血汁, 及所伤痕疮口皮肉血多花鲜色, 所损透膜即死。若死后用刀刃割伤处, 肉色即干白, 更无血花也。"

二, 死者身上的抵抗伤是他杀的充分不必要条件。"其被伤人见行凶人用刃物来伤之时, 必须争竞, 用手来遮截, 手上必有伤损。或有来护者, 亦必背上有伤着处。若行凶人于虚怯要害处一刃直致命者, 死人手上无伤。"

三, 检验杀伤必须检验死者受伤时所穿的衣服, 看有无损伤并与尸体上的伤痕相比照。"须看原着衣衫有无破损伤处, 隐对痕血点可验。"

凡被人杀伤死者，其尸口眼开，头髻宽或乱，两手微握，所被伤处要害分数①较大，皮肉多卷凸。若透膜②，肠脏必出。

其被伤人见行凶人用刃物来伤之时，必须争竞，用手来遮截③，手上必有伤损。或有来护者，亦必背上有伤着处。若行凶人于虚怯要害处④一刀直致命者，死人手上无伤，其疮必重。若行凶人用刃物斫⑤着脑上、顶门、脑角、后发际，必须斫断头发，如用刀剪者。若头顶骨折，即是尖物刺着，须用手捏着其骨损与不损。

【注释】①分数：分寸，伤口大小。

②膜：这里指腹膜。

③遮截：遮挡，遮拦。

④虚怯要害处：虚弱的要害部位，引申为人身上容易受伤致命的部位。

⑤斫：砍。

【译文】凡被人杀死的，尸体口张眼睁，发髻散乱，两手微微握拳，被伤处多在要害部位且伤痕深大，皮肉多卷缩凸出。如果凶器已透过腹膜，肠胃必然会冒出来。

凡被伤人看到行凶人拿着刃物来杀伤自己时，必然抵抗争斗，如果用手遮挡，手上必定会有伤损。如果有人来保护，保护者背上也应该有伤痕。如果行凶人砍刺在死者虚软要害部位一刀致命，那么死者手上就没有伤损，但致命的伤口必然深重。如果行凶人用刃物砍在头上、顶

门、脑角、后发际，必然会砍断头发，就像用刀剪剪过一样。如果头顶骨
折，可能是用尖锐的物体刺砍所致，要用手捏验此处的骨肉有无破损。

　　若尖刃斧痕，上阔长，内必狭。大刀痕，浅必狭，深必
阔。刀伤处，其痕两头尖小，无起手、收手轻重。枪刺痕，浅
则狭，深必透簳①，其痕带圆。或只用竹枪、尖竹担②簳着③
要害处，疮口多不齐整，其痕方圆不等。

　　【注释】①簳：同"竿"，指枪杆。
　　②尖竹担：尖竹扁担。
　　③簳着：刺着。
　　【译文】如果是尖锐的刀斧造成的伤痕，伤口外部必然阔长，内部
必然狭窄。如果是用大刀造成的伤痕，伤口浅的必然狭窄，伤口深的必
然阔长。凡刀伤，两头尖小，不像持刃自伤那样有起手收手的轻重之别。
枪刺的伤痕，浅的狭窄，深的必然连枪杆都会刺入，伤痕呈圆形。如果
是用竹枪或尖扁担刺着要害部位，伤口多不整齐，伤痕或方过圆。

　　凡验被快利物伤死者，须看原着衣衫有无破伤处，隐对
痕血点可验。又如刀剔伤肠肚出者，其被伤处，须有刀刃撩
划三两痕。且一刀所伤，如何却有三两痕？盖凡人肠脏盘在
左右胁下，是以撩划着三两痕。
　　凡检刀枪刃斫剔，须开说：尸在甚处、向当、着甚衣服，
上有无血迹，伤处长、阔、深分寸，透肉不透肉；或肠肚出，膂
膜①出，作致命处。仍检刃伤衣服穿孔。如被竹枪、尖物剔伤

致命, 便说: 尖硬物剔伤致死。

凡验杀伤, 先看是与不是刀刃等物, 及生前死后痕伤。如生前被刃伤, 其痕肉阔, 花纹②交出; 若肉痕齐截, 只是死后假作刃伤痕。

【注释】①膋膜: 指人体内含有大量脂肪的网膜, 即后面提到的脂膜。膋: 肠子的脂肪。

②花纹: 生前受刃伤的, 伤口处的皮肉卷缩如花纹。

【译文】凡检验被锐利物体刺伤刺死的尸体, 要验看死者原本穿着的衣衫有没有破损, 伤口附近的衣衫应有有血迹可验。如果是被刀伤且肚肠流出的, 被伤处有刀刃撩伤的两三道痕迹。为什么只被一刀所伤, 却会有两三道伤痕呢? 因为人的肚肠盘曲在左右胁下, 所以一刀下去会伤及两三段肠子而出现两三道伤痕。

凡检验以刀枪砍刺致死的尸体, 要大声唱报: 尸体在什么地方, 什么位置, 穿什么衣服, 衣服上有没有血迹, 伤口的大小深浅及透过骨肉没有; 如果肚肠或肠膜流出的, 要验出致命伤在哪里。还要检验被刀枪刺穿的衣服上的穿孔。如果是被竹枪等尖锐物刺伤致命, 便大声唱报: 坚硬物刺伤致死。

凡检验杀伤, 先看是不是刀刃等物所伤, 及是生前伤还是死后伤。如果是生前被刃物所伤, 伤痕开阔, 皮肉卷凸如花纹; 如果伤口齐整, 那就是死后伪造的刀刃伤。

如生前刃伤, 即有血汁, 及所伤痕疮口皮肉血多花鲜色①, 所损透膜即死。若死后用刀刃割伤处, 肉色即干白, 更无血

花也。(盖人死后血脉不行,是以肉色白也)

此条仍责取行人定验,是与不是生前、死后伤痕。

【注释】①花鲜色:鲜花色,鲜红色。

【译文】如果生前所伤,会有血水,伤口处有血水凝结形成的花样血块。这种生前伤,只要伤到腹膜、脉管,就会死亡。如果是死后切割的伤口,创口边缘肉色干白,更没有凝结成花纹的血块。(因为人死后血脉不通,所以肉色发白)

是生前伤还是死后伤,这一条要责成仵作详细验定。

活人被刃杀伤死者,其被刃处皮肉紧缩,有血荫四畔。若被人支解①着,筋骨皮肉稠粘,受刃处皮肉骨露。

死人被割截,尸首皮肉如旧,血不灌荫,被割处皮不紧缩,刃尽处无血流,其色白。

纵痕下有血,洗检,挤捺,肉内无清血出,即非生前被刃。

更有截下头者,活时斩下,筋缩入;死后截下,项长,并不伸缩。

【注释】①支解:同"肢解"。

【译文】活人被刃物杀伤致死的,伤口处皮肉紧缩,四周有血斑。如果是被人肢解而死,被肢解部位的筋骨皮肉模糊粘稠,受刀处骨头外露。

死人被砍死或肢解,尸体的皮肉同原来一样,没有血斑,伤口处皮肉不紧缩，没有血水流出，肉色发白。

即使伤痕下有血迹，清洗后检验，用力挤压，肉内没有清血流出的，也不是生前被伤。

还有被砍下头的，活着时被砍下的，血管、神经等缩入项中；死后被砍下的，颈项比较长，不会收缩。

凡检验被杀身死尸首，如是尖刃物，方说"被刺要害"；若是齐头刃物，即不说"刺"字。如被伤着肚上、两肋下或脐下，说长阔分寸后，便说"斜深透内脂膜①、肚肠出，有血污，验是要害被伤割处，致命身死。"若是伤着心前、肋上，只说"斜深透内，有血污，验是要害致命身死。"如伤着喉下，说"深至项，锁骨损，兼周回所割得有方圆不齐去处，食系、气系并断，有血污，致命身死。"可说："要害处。"如伤着头面上，或太阳穴、脑角、后发际内，如行凶人刃物大，方说骨损；若脑浆出时，有血污，亦定作要害处致命身死。如斫或刺着沿身不拘那里，若经隔数日后身死，便说"将养不较，致命身死。"

【注释】①内脂膜：腹腔内的网膜，含有大量脂肪，又称"网油"。

【译文】凡检验被杀致死的尸体，如果是尖锐的刃物所致，验尸报告上要写明"被刺要害"等字样；如果是平头刃物，就不能写"刺"字。如果受伤处在肚上、两肋下或脐下，写明伤口长宽大小后，还要写明"斜深透内脂膜，肚肠出，有血污，经检验是被砍伤要害部位致命身死"。如果受伤处在心前、肋上，只写"斜深透内，有血污，经检验是被砍伤要害部位致命身死"。如果受伤处在喉下，就写"深至项，锁骨损，伤口周围不齐整，食管、气管一并割断，有血污，致命死亡。"也可以写成："要害部位"。如果伤在头脸上过太阳穴、脑角、后发际内，只有行凶人所用刃物大的，才写上骨损字样；如果脑浆流出，有血污，也定作因伤在要害部位而致命身死。不管砍或刺在全身的哪个部位，如果经过了数日才身死，就写作"调养不好，致命身死"。

　　凡验被杀伤人，未到验所，先问原申人：曾与不曾收捉^①得行凶人？是何色目人？使是何刃物？曾与不曾收得^②？刃物如收得，取索看大小，着纸画样；如不曾收得，则问刃物在甚处？亦令原申人画刃物样。画讫，令原申人于样下书押字。更问原申人：其行凶人与被伤人是与不是亲戚？有无冤仇？

　　【注释】①收捉：捕获，捕捉。
　　②曾与不曾得：是否收缴到凶器。
　　【译文】凡检验被杀伤的人，未到现场，先审问报案人：是否捉拿到了凶手？凶手是什么职业什么身份？使用的是什么刃物？是否收缴到凶器？凶器如果收缴到，要验看凶器的大小，并在纸上画出图样；如果还未收缴到，就问凶器在什么地方？也命令报案人画出凶器图样。画完，要让报案人在图样下签字画押。并进一步追问报案人：行凶人与被害人有无亲戚关系？有无冤仇？

二五 尸首异处

【题解】所谓身首异处，是指身体与头颅被分离于不同地方。检验这类尸体，要先辨认尸首，其次进行现场勘察和测量，最后进行具体的检验。检验中有一个重要的环节，就是把头颅与尸身相拼接，看是否吻合，以确定是生前被砍下还是死后被砍下的。

凡验尸首异处，勒家属先辨认尸首。务要仔细打量①尸首顿处②四至。讫，次量首级离尸远近，或左、或右，或去肩脚若干尺寸。支解手臂、脚腿，各量别计，仍各写相去③尸远近。却随其所解肢体与尸相凑，提捧首与项相凑④，围量分寸，一般系刃物斫落。若项下皮肉卷凸，两肩井耸皴⑤，系生前斫落；皮肉不卷凸，两肩井不耸皴，系死后斫落。

【注释】①打量：测量，观察。

②顿处：放置处，停放处。

③相去：相距，距离。

④相凑：拼凑，衔接。

⑤皴（chuò）：脱皮，掉皮。

【译文】凡检验尸首异处的尸体，先要勒令死者家属辨认尸体。一定要仔细测量尸首到四周标志物的距离，然后，测量头颅距离尸身的远近，是在左边还是右边，距离肩脚多少尺寸。被肢解的手臂、腿脚，要分别测量，写清它们距离尸身的远近。再把被肢解的四肢与尸体相拼凑，把头颅与颈部拼凑，量出颈部分寸。头颅与尸身能衔接的，一般是被锐利的刃物砍落。如果颈部皮肉卷凸，两肩井部位笋脱，就是生前被砍落的；如果皮肉不卷凸，两肩井不笋脱，就是死后被砍下的。

二六 火死

【题解】火死，即烧死，从古至今都是致人死亡的重要原因。检验被烧死的尸体，最主要的问题是要鉴别其是生前烧死还是死后焚尸。宋慈在文中对多种烧死案例都作了精辟描述：一，生前被烧死者，口鼻内有烟灰，两手脚拳缩；如果死后被烧，手脚不拳缩，口内无烟灰。二，被刃杀死，又被火烧的，如果未曾移尸他处，就会有血渗入地下成鲜红色。三，被人推入火中烧死的，死尸在茅瓦之上。宋慈提到的这些检验"火烧尸"的方法，都是当时科技不发达情况下的土办法，然而随着社会的发展和科技进步，现代烧死尸体的法医学检验鉴定已不再局限于口鼻内有无烟灰，必须检验到气管以下有无烟灰炭末，因为人死后烟灰依旧可以飘进死者的口鼻，所以只验口鼻难以断定是生前烧还是死后烧。

凡生前被火烧死者，其尸口鼻内有烟灰，两手脚皆拳缩；（缘其人未死前被火逼奔争，口开气脉往来，故呼吸烟灰入口鼻内）若死后烧者，其人虽手足拳缩，口内即无烟灰；若不烧着两肘骨及膝骨，手脚亦不拳缩。

若因老病失火烧死，其尸肉色焦黑或卷，两手拳曲，臂曲在胸前，两膝亦曲，口眼开，或咬齿及唇，或有脂膏黄色突出皮肉。

若被人勒死抛掉在火内，头发焦黄，头面、浑身烧得焦黑，皮肉搐皱，并无暗浆𤿮去处，项下有被勒着处痕迹。

又若被刀杀死，却作火烧死者，勒仵作拾起白骨，扇去地上灰尘，于尸首下净地上，用酽①米醋、酒泼。若是杀死，即有血入地鲜红色。须先问尸首生前宿卧所在，却恐杀死后移尸往他处，即难验尸下血色。

【注释】 ①酽：浓，味厚。

【译文】 凡生前被火烧死的，尸体口腔、鼻孔内有烟灰，两手握拳，两脚曲缩；（因为死者生前在火中挣扎奔命，嘴巴张开，大口呼吸，所以会把烟灰吸入口鼻）如果死后被烧的，尸体手脚虽然拳曲，然口内却没有烟灰；如果没有烧到两肘骨及膝骨，手脚也不拳曲。

如果年老体病的人被火烧死，尸体肉色焦黑并卷缩，两手拳曲，手臂弯曲在胸前，两膝也呈蜷曲态，口开眼睁，有的咬着牙齿及嘴唇，有的流出黄色的油脂，有的皮肉被烧裂。

如果是被人勒死抛在火内，头发焦黄，头脸和全身被烧得焦黑，皮肉干皱，但没有起泡脱皮的地方，颈部却有被勒的痕迹。

如果被人用刃物杀死，却伪造被火烧死的，勒令仵作捡起白骨，扇去地上的灰尘，把尸首放在干净的地上，泼上浓醋和酒。如果是被杀死，就有鲜红的血渗入土地。还要先问死者生前睡卧在何地，以防死后被移尸他处，检验不出尸体下有红色的血迹。

大凡人屋或瓦或茅盖,若被火烧,其死尸在茅瓦之下;或因与人有仇,乘势推入烧死者,其死尸则在茅瓦之上。兼验头足,亦有向至。

如尸被火化尽,只是灰,无条段骨殖者,勒行人、邻证供状:"缘上件尸首①,或失火烧毁,或被人烧毁,即无骸骨存在,委是无凭检验。"方与备申。

【注释】①上件尸首:上面提到的尸首。

【译文】一般而言,人住的屋子或用瓦覆盖,或用茅草覆盖,如果人在里面被烧死,尸体会被覆盖在茅草或瓦之下;如果与人有仇,被人乘势推入火中烧死的,尸体则在茅草或瓦之上。还要验看死者的头脚朝向,是否符合被人推入火中的方向位置。

如果尸体被火烧得只剩骨灰而没有完整骨头的,勒令仵作、邻人写下证明:"由于上面提到的尸首,自己失火烧毁,或被人烧毁,没有骸骨存在,确实无法检验。"这样处理后才能上报。

凡验被火烧死人,先问原申人:火从何处起?火起时其人在甚处?因甚在彼?被火烧时,曾与不曾救应?仍根究曾与不曾与人作闹?见得端的①,方可检验。

或检得头发焦拳②,头、面连身一概焦黑,宜申说:"今来无凭检验本人沿身上下有无伤损他故,及定夺③年颜形状不得。只检得本人口鼻内有无灰烬,委是④火烧身死。"如火烧深重,实无可凭,即不要说口鼻内灰烬。

【注释】①端的：事情的原委、真相。

②头发焦拳：头发焦黄卷缩。

③定夺：确定，判断。

④委是：确实是。

【译文】凡检验被火烧死的人，先问最初报案人：火从什么地方烧起来的？火起时死者在什么地方？为什么在那个地方？被火烧时，有没有人营救？还要追问死者有没有与人争斗？这些问清楚后，才可以进行检验。

如果检验过程中发现死者头发焦卷，头面和全身焦黑，要在验尸报告上这样写明："现在无法检验死者全身有没有伤损和是否因它故死亡，也无法验定死者的年龄、相貌、体形等。只检验出死者口鼻有灰烬，确是被火烧死。"如果尸体被火烧得实在厉害，无法检验，连口鼻内有无灰烬都不要说。

二七 汤泼死

【题解】本文中的热汤，不能狭义地理解为热水热汤，而要从广义上理解成所有高温液体。被热汤泼死的尸体，主要特征是"疱"。同样是"疱"，被打的与被烫的有何区别？被打的疱"不甚起"，被烫的则很明显，且被打的多在两腘窝和臀腿上。可见宋慈对汤泼伤的鉴别也有独到之处。

凡被热汤泼①伤者，其尸皮肉皆拆②，皮脱白色，着肉者亦白，肉多烂赤。如在汤火内，多是倒卧，伤在手足、头面、胸前。如因斗打或头撞、脚踏、手推在汤火内，多是两后腿与臀腿上。或有打损处，其疱不甚起，与其他所烫不同。

【注释】①汤泼：被热水、热油等高温液体烫死。
②拆：裂开。
【译文】凡被滚烫的热水烫死的，尸体皮开肉绽，皮肤脱落，皮色发白，被烫着的地方肉色发白，有的溃烂发红。如果是跌进汤火里，尸体多是倒卧，烫伤处多在手脚、头面、胸前。如果因为打斗，被人头撞、脚踢、手推入汤火内的，烫伤处多在两腘窝、臀部和大腿上。如果是烫

伤前就已受伤的部位，皮肉上很难再被烫出水泡，即使有烫泡也与其他地方的烫伤不同。

二八 服毒

【题解】由于毒物的种类繁多，毒性各异，所以对服毒致死者的检验历来都是一个难题。在本节中，宋慈介绍了很多毒物及其检验方法，归纳而言主要有植物毒（如毒果实、鼠莽草、野葛、菌蕈，昆虫毒（如蛊毒、金蚕），药物毒（如金石药、砒霜）、酒精毒。

对于中毒而死的人的检验可以分为两步：观察和试验。观察即察看尸体的体表特征。"凡服毒死者，尸口眼多开，面紫黯或青色，唇紫黑，手、足指甲俱青黯，口、眼、耳、鼻间有血出。甚者，……"这里谈到中毒死的人有一些中毒特征是对的，但说法太过笼统，如说凡中毒而死的人会七窍流血，这就太绝对。从毒理角度看，只有少数毒物中毒后有出血现象，但不会有七窍流血，即使古代常见的砒霜中毒，也不会七窍流血。

"银钗验毒"是古代常用的一种验毒方法。本文也谈到"若验服毒，用银钗，皂角水揩洗过，探入死人喉内，以纸密封，良久取出，作青黑色，再用皂角水揩洗，其色不去；如无，其色鲜白。"这种检验方法，从某种程度来说不科学。因为这种验尸法所利用的原理是银遇硫化物、硝化物会起化学反应，生成硫化银等青黑色物质。但死者体内的硫化物、硝化物并非一定是由于服毒产生的，尸体自身的腐败和尸体胃肠内没有完全消化的食物腐败也会产生硫化氢, 如果因为银钗变黑就断定是服毒而死, 那就太草率太鲁莽了。至于宋慈提到的用热糟醋罨洗尸体逼毒气上行或下行的方法更不科学, 因为这会加速尸体的腐败, 更快更多地产生硫化氢等尸臭物质, 所以热糟醋罨洗法逼迫的不是毒气上行或下行, 而是尸体只要腐烂就会有的硫化氢。

　　凡服毒死者, 尸口眼多开, 面紫黯或青色, 唇紫黑, 手、足指甲俱青黯, 口、眼、耳、鼻间有血出。

　　甚者, 遍身黑肿, 面作青黑色, 唇卷发疱, 舌缩或裂拆, 烂肿微出, 唇亦烂肿或裂拆, 指甲尖黑, 喉、腹胀作黑色、生疱, 身或青斑, 眼突, 口、鼻、眼内出紫黑血, 须发浮不堪洗。未死前须吐出恶物, 或泻下黑血, 谷道①肿突, 或大肠穿出②。

　　【注释】①谷道: 肛门。
　　②大肠穿出: 直肠脱出, 又称"脱肛"。大肠: 直肠。
　　【译文】凡服毒而死的, 尸多口开眼睁, 面色紫黯或发青, 嘴唇紫黑, 手脚指甲都呈青黑色, 口、眼、耳、鼻中有血流出。

　　更严重的, 全身黑肿, 面色青黑, 嘴唇反卷有疱, 舌头内缩或开裂, 肿烂后略微伸出, 有的嘴唇也肿烂开裂, 指甲发黑, 喉部、腹部肿胀作黑色并生有疱疹, 还有的身上有青斑, 眼球突出, 口、鼻、眼内有紫黑色的血流出, 胡须头发散乱不能梳洗。服毒的人临死前必会吐出秽物或泻下黑血, 肛门肿胀突出, 露出大肠。

有空腹服毒，惟腹肚青胀，而唇、指甲不青者；亦有食饱后服毒，惟唇、指甲青而腹肚不青者；又有腹脏虚弱老病之人，略服毒而便死，腹肚、口唇、指甲并不青者，却须参以他证。

生前中毒，而遍身作青黑，多日，皮肉尚有，亦作黑色。若经久，皮肉腐烂见骨，其骨黪黑色^①。

死后将毒药在口内假作中毒，皮肉与骨只作黄白色。

凡服毒死，或时即发作，或当日早晚，若其药慢，即有一日或二日发^②。或有翻吐，或吐不绝。仍须于衣服上寻余药，及死尸坐处寻药物、器皿之类。

【注释】①黪黑色：青黑色。

②发：发作。

【译文】有的人空腹服毒，只是肚腹发青肿胀，嘴唇、指甲不发青；也有吃饱后服毒的，只嘴唇、指甲发青而肚腹不发青；也有脾脏虚软老弱久病的人，服一点毒就会致死，而肚腹、口唇、指甲并不发青，这些情况不能仅凭一种特征就下结论，要结合其他证据。

生前中毒的，全身青黑，即使经过多天，皮肉也呈黑色。如果隔得时间太长，皮肉腐烂得露出骨头，那么骨头也会呈青黑色。

死后把毒药含在口内假作中毒而死的，皮肉和骨头都只是黄白色。

凡服毒死的，要么当时发作，要么一天之内发作，如果药性慢，也有可能一两日才发作。发作时，死者多会呕吐不绝。检验时还要注意死者的衣服上可能会留有残药，生前的坐卧处也可能会发现药物或盛药物的器皿之类。

中蛊毒①，遍身上下、头面、胸心并深青黑色，肚胀，或口内吐血，或粪门②内泻血。

鼠莽草③毒，（江南有之）亦类中蛊，加之唇裂，齿龈青黑色。此毒经一宿一日，方见九窍有血出。

食果实、金石药④毒者，其尸上下或有一二处赤肿，有类拳手伤痕，或成大片青黑色，爪甲黑，身体肉缝微有血，或腹胀，或泻血。

酒毒，腹胀，或吐、泻血。

砒霜、野葛⑤毒，得一伏时⑥，遍身发小疱，作青黑色，眼睛耸出，舌上生小刺疱绽出，口唇破裂，两耳胀大，腹肚膨胀，粪门胀绽，十指甲青黑。

【注释】①蛊毒：虫毒。蛊：毒虫。

②粪门：肛门。

③鼠莽草：又叫莽草，是一种有毒植物，食之可令人出现兴奋、幻觉、昏迷等症状。中了莽草毒的人，全身有出血现象，口鼻内有血水流出。

④金石药：泛指一切矿物药，成分多为石英、云母、丹砂、铅、水银、硫磺等。

⑤野葛：又称断肠草、钩吻、火把花、胡蔓草，含剧毒。

⑥一伏时：一昼夜。

【译文】中虫毒的，全身上下、头面、胸心都会呈现深度青黑色，肚腹膨胀，有的口内还会吐血，或肛门内泻血。

中了鼠莽草的毒，（这种草江南有之）也同中了虫毒一样，此外还会有嘴唇开裂、牙龈青黑的特征。这种毒经过一夜一日，才会出现九窍流血。

吃了植物果实、金石药物中毒的，尸体全身上下或者只有一两处红肿，像被人用拳头打伤的痕迹，有的身上有大面积的青黑色，手脚指甲发黑，毛孔有血渗出，有的还会腹胀，或泻血。

中了酒毒，肚腹膨胀，有的吐血、泻血。

中了砒霜、野葛毒的，经过一昼夜，全身起满小的青黑色疱疹，眼睛凸出，舌头上长出小刺疱并开裂，口唇破裂，两耳胀大，肚腹膨胀，肛门肿胀开裂，十指甲青黑。

金蚕①蛊毒，死尸瘦劣，遍身黄白色，眼睛塌，口齿露出，上下唇缩，腹肚塌。将银钗验作黄浪色，用皂角水洗不去。一云如是：只身体胀，皮肉似汤火疱起，渐次为脓，舌头、唇、鼻皆破裂，乃是中金蚕蛊毒之状。

手脚指甲及身上青黑色，口鼻内多出血，皮肉多裂，舌与粪门皆露出，乃是中药毒、菌蕈②毒之状。

如因吐泻瘦弱，皮肤微黑不破裂，口内无血与粪门不出，乃是饮酒相反之状。

【注释】①金蚕：也叫食棉蚕，外壳及体内都含毒素。

②菌蕈：有毒的蘑菇。

【译文】中了金蚕这种虫毒的，尸体瘦劣，全身黄白色，眼睛塌陷，牙齿外露，上下唇紧缩，肚腹塌凹。用银钗检验，呈黄色，用皂角水洗不掉。一种说法是：只是身体肿胀，皮肉像被烫伤火烧的那样生出疱疹，慢慢疮疹就会破裂化脓,舌头、唇、鼻都会破裂,这些都是中了金蚕虫毒的症状。

手脚指甲及身上呈青黑色,口鼻内有血流出,皮肉多开裂,舌头和肛门肿胀外露,这些都是中了药物和毒蘑菇毒后的症状。

如果死者吐泻瘦弱,皮肤微黑不破裂,口内无血,肛门不突出,这是饮酒过度的症状。

若验服毒,用银钗,皂角水揩洗①过,探入死人喉内,以纸密封,良久取出,作青黑色,再用皂角水揩洗,其色不去;如无,其色鲜白。

如服毒、中毒死人,生前吃物压下,入肠脏内,试验无证②,即自谷道内试,其色即见。

凡检验毒死尸,间有服毒已久,蕴积在内,试验不出者。须先以银或铜钗探入死人喉,讫,却用热糟醋自下罨洗,渐渐向上,须令气透,其毒气熏蒸,黑色始现。如便将热糟醋自上而下,则其毒气逼热气向下,不复可见。或就粪门上试探,则用糟醋当反是。

【注释】①揩洗:擦洗。
②试验无证:这里指把银钗插入口内验证不出死因。

【译文】如果检验服毒的尸体,用皂角水擦洗过的银钗,插入死者喉内,用纸密封住嘴巴,一段时间后取出银钗,银钗呈青黑色,并且用皂角水擦洗不去的,就说明是中毒而死:如果银钗不作青黑色,而是鲜白色,就说明不是中毒死的。

如果是服毒、中毒而死的人，活着时吃下食物，把毒压到脏腑肠胃，用银钗探其喉，银钗也不会变色，这时只要把银钗插入肛门，银钗就会变色。

凡检验被毒死的尸体，有一种因服毒已久，毒素蕴积在身体深处，银钗检验不出来。如果这样，要先用银钗或铜钗插入死人喉内，然后用热的糟醋从腹部自下往上敷洗，敷洗时要让热气透入尸体腹部，只有这样毒气才会被熏蒸上来，使银钗变黑。如果用热糟醋自上而下地敷洗，毒气就会被热气逼迫着往下走，银钗就不能变色。如果是把银钗插在肛门试验，那么用热糟醋敷洗的顺序就要与银钗插在喉部时相反。

又一法，用大米或占米[①]三升炊饭，用净糯米一升淘洗了，用布袱盛，就所炊饭上炊馈。取鸡子[②]一个（鸭子[③]亦可）打破取白，拌糯米饭令匀。依前袱起，着在前大米、占米饭上，以手三指紧握糯米饭如鸭子大，毋令冷，急开尸口，齿外放着。及用小纸三、五张，搭遮尸口、耳、鼻、臀、阴门之处，仍用新棉絮三、五条，酽醋三、五升，用猛火煎数沸，将棉絮放醋锅内煮半时取出，仍用糟盘罨尸，却将棉絮盖覆。若是死人生前被毒，其尸即肿胀，口内黑臭恶汁喷来棉絮上，不可近，后除去棉絮。糯米饭被臭恶之汁亦黑色而臭，此是受毒药之状；如无，则非也。试验糯米饭封起，申官府之时，分明开说。此检验诀，曾经大理寺[④]看定。

【注释】①占米：黏米.
②鸡子：古人把鸡蛋称为鸡子。

③鸭子:鸭蛋。

④大理寺:官署名,是宋代设在中央的审判机构,掌管刑狱案件审理,相当于现代的最高人民法院。

【译文】还有一种方法,用大米或黏米煮成饭,再用纯糯米一升淘洗,然后用布包起来,放到所煮的饭上蒸热。取鸡蛋一个,(鸭蛋也可以)把蛋清和糯米饭搅拌均匀,依旧用布包好,放在黏米饭上,接着,用三个指头把糯米饭捏成鸭蛋大小,掰开死者的嘴巴,趁热塞在牙齿前面,并用三五张小纸,遮盖住尸体的口、耳、鼻、臀、阴道等处,再用三五条新棉絮,浓醋三五升,用猛火烧沸,把棉絮放入醋锅内煮半个时辰取出。用糟醋洗敷尸体后,把经热醋煮过的棉絮覆盖在尸体上。如果死者生前是中毒身亡的,尸体就会肿胀,口内会有黑臭汁液流在棉絮上,使人难以靠近,然后除去棉絮。如果糯米饭团因沾了许多有毒的液体也变成黑色并带有恶臭,那这就是中毒身死的症状;经过上述处理如果没有黑色恶臭的汁液流出,那就不是中毒而死。用来做试验的糯米饭应用器皿装好,贴上封条呈报上级,并写明试验的过程和结论。这种检验方法,已经被大理寺认可通过。

广南①人小有争怒赖人,自服胡蔓草②,一名断肠草,形如阿魏③,叶长尖,条蔓生,服三叶以上即死。干者或收藏经久,作末食亦死。如方食未久,将大粪汁灌之可解。其草近人则叶动。将嫩叶心浸水,涓滴入口,即百窍溃血。其法:急取抱卵不生鸡儿④,细研和麻油开口灌之,乃尽吐出恶物而苏。如少迟,无可救者。

【注释】①广南：广东。

②胡蔓草：即上文提到的野葛。

③阿魏：植物名，原产自中东地区，根茎可作药材。

④卵不生鸡儿：孵化不出烂死在里面的坏鸡蛋。

【译文】广东人稍有争执，便自己服下胡蔓草，而诬赖对方。胡蔓草，又叫断肠草，形状像阿魏，叶子尖长，枝条蔓生，服三叶即可致死。即使干枯的或收藏很久，研成粉末后依旧可以致死。如果刚服用不久，用大粪汁灌入口中可以解救。这种草，人靠近时，叶子就会动。把这种草的嫩叶泡水，点滴入口，就可让人百孔流血而死。解救的方法是：马上取来欲孵化而未孵化出的臭鸡蛋，研和麻油，一起灌入口中，等到吐尽毒物自然就会苏醒过来。如稍有延迟，就无法挽救了。

二九 病死

【题解】病死，即因病而死。一般来说，已明确因病而死的，无需进行尸检。对于没有确定因病而死，或怀疑不是病死，有可能非正常死亡的，才有进行尸检的必要。在本节中，宋慈列举了很多种因病死亡的情状，但从法医学的严格分类来说，也有许多不属于病死却归入本节的，如中暑死、冻死、饥饿死。这些都可以看出本书在结构安排和排列卷目方面都不甚有序。。

凡因病死者，形体羸①瘦，肉色痿黄，口眼多合，腹肚低陷，两眼通黄，两拳微握，发髻解脱，身上或有新旧针灸瘢痕②，余无他故，即是因病死。

凡病患求乞在路死者，形体瘦劣，肉色痿黄，口眼合，两手微握，口齿焦黄，唇不着齿。

【注释】①羸：瘦弱。
②针灸瘢痕：针灸后留下的瘢痕。
【译文】凡因病而死的，形体瘦弱，肉色枯黄，口合眼闭，肚腹低陷，两眼发黄，两手微握，发髻散开，有的死者身上会有新旧针灸过的瘢痕，没有其他症状的就是病死。

凡行乞之人因病死在路边的，体形瘦劣，肉色枯黄，口合眼闭，两手微握，牙齿焦黄，嘴唇不贴靠牙齿。

邪魔中风卒死①，尸多肥，肉色微黄，口眼合，头髻紧，口内有涎沫，遍身无他故。

卒死，肌肉不陷，口鼻内有涎沫，面色紫赤。盖其人未死时，涎壅于上，气不宣通，故面色及口鼻如此。

卒中死，眼开睛白，口齿开，牙关紧，间有口眼喝斜②，并口两角、鼻内涎沫流出，手脚拳曲。

中暗风③，尸必肥，肉多溟④白色，口眼皆闭，涎唾流溢。卒死于邪祟，其尸不在于肥瘦，两手皆握，手足爪甲多青。或暗风如发惊搐死⑤者，口眼多喝斜，手足必拳缩，臂腿手足细小，涎沫亦流。（以上三项大略相似，更须检时仔细分别⑥）

【注释】①邪魔中风卒死：因外部原因中风猝死。邪魔：古代由于科学和医学水平有限常将一些查不出病因的死亡归结为中了邪魔而死。卒死：同"猝死"。

②喝斜：歪斜。

③中暗风：由于内部原因中风而死，如脑血栓、脑溢血。

④溟：原义为水深而广，这里形容脂肪多。

⑤发惊搐死：受惊抽搐而死。

⑥分别：分辨。

【译文】因寒热入侵中风猝死的，尸体多肥胖，肉色微黄，口合眼闭，发髻紧束，口内有涎沫流出，全身没有其他致死的缘故。

猝死的，肌肉不塌陷，口鼻内有涎沫，面色紫红。因为这种病人还未死时,痰多壅堵在喉管,呼吸受阻,所以面色紫红,口鼻内有涎沫。

突然中风死亡的人,眼睛睁开,眼球发白,口齿张露,紧咬牙关,有的也会嘴眼歪斜,嘴角和鼻内有涎沫流出,手脚拳曲。

中暗风而死的人,尸体必然肥胖,肉色泛白,口眼皆闭,涎沫唾液自口鼻流出。中邪而死的,尸体不在于肥瘦,两手皆呈握拳态,手脚指甲多颜色发青。如果中风后抽搐而死,口眼多歪斜,手脚必然拳缩,四肢细小,涎沫自口鼻中流出。(以上三种死亡情况大体相同,检验时要仔细辨认)

伤寒①死,遍身紫赤色,口眼开,有紫汗流,唇亦微绽,手不握拳。

时气②死者,眼闭口开,遍身黄色,略有薄皮起,手足俱伸。

中暑死,多在五、六、七月,眼合,舌与粪门俱不出,面黄白色。

冻死者,面色痿黄,口内有涎沫,牙齿硬,身直,两手紧抱胸前,兼衣服单薄。检时,用酒、醋洗,得少热气,则两腮红,面如芙蓉色③,口有涎沫出,其涎不粘。此则冻死证。

饥饿死者,浑身黑瘦、硬直,眼闭口开,牙关紧禁,手脚俱伸。

【注释】①伤寒:感受寒邪引起的外感热病。
②时气:瘟疫。
③两腮红,面如芙蓉色:两颊泛红,犹如芙蓉花的颜色。

【译文】如果因伤寒病而死，全身紫红色，口张眼开，有紫色的汗水流出，嘴唇微张，手不握拳。

患瘟疫而死的，眼闭口开，全身发黄，表皮略有脱落，四肢伸直。

中暑而死的，多在五、六、七月，眼闭，舌头和肛门都不突出，面色黄白。

冻死的，面色枯黄，口内有涎沫流出，牙齿坚硬，身体僵直，两手紧抱胸前，并且衣服单薄。检验时，用酒、醋擦洗，待到尸体发热变软，两腮发红，面如芙蓉花时，口内就会有不粘的涎沫流出。这些都是被冻死的证明。

饥饿而死的，全身黑瘦硬直，眼闭口开，牙关紧闭，手脚伸直。

或疾病死，值春、夏、秋初，申得迟，经隔两三日，肚上脐下两胁肋骨缝，有微青色①。此是病人死后，经日变动，腹内秽污发作，攻注皮肤，致有此色。不是生前有他故，切宜仔细。

【注释】①微青色：这里指绿色的尸斑，也称尸绿。

【译文】或有疾病而死，恰逢春、夏、秋初，报案又较迟，经过两三日，肚脐上下，两肋骨缝间就会出现淡淡的尸绿。这是病人死后，经过数日腐化，腹内的秽物腐烂，发散到皮肤，以致有了这种颜色。不是生前因其他缘故死亡，一定要仔细检验。

凡验病死之人，才至检所，先问原申人：其身死人来自何处？几时到来？几时得病？曾与不曾申官，取责口词①？有无人识认？如收得口词，即须问：原患是何疾病？年多少？病得几日方申官，取问口词？既得口词之后，几日身死？如无口词，则问：如何取口词不得？若是奴婢，则须先讨契书看，问：有无亲戚？患是何病？曾请是何医人？吃甚药？曾与不曾申官取口词？如无，则问不责口词因依，然后对众证定。如别无他故，只取众定验状，称说："遍身黄色，骨瘦，委是生前因患是何疾致死。"仍取医人定验疾色状②一纸。如委的众证因病身死分明，原初虽不曾取责口词，但不是非理致死，不须牒请复验。

【注释】①口词：口供，供述。

②疾色状：病历。

【译文】凡检验病死之人，到了现场，要先问询报案人：死者来自何地？什么时候来的此地？什么时候得的病？是否报过官，录过供词？有没有人来认尸？如果已经录取了供词，就问：死者原患何病？年纪多大？得病后几日才报的官，录取的供词？录取供词之后，多久死的？如果还未录取供词，就问：为什么没有录取供词？如果死者是奴婢，先向主家讨要契书，问：死者有无亲属？得的是什么病？曾请何人医治？吃过什么药？报没报官，录取过供词没有？如果没有录取供词，就问为什么没有录取供词，然后录取供词当众验定。如果没有其他缘故，就根据在场众人的所见所闻填写验尸报告，报告上这样写："尸体全身发黄，骨肉瘦弱，确实是生前因患某种疾病致死。"还要取得医生的诊断书一张。如果众人皆证明死者确实是因病而死且检验得分明，起初虽没有录取供词，只要不是非正常死亡的，可以不必发文请求复检。

三十 针灸死

【题解】宋慈认为，验看针灸死的尸体，关键在于是不是故意杀人。如果是故意杀人，就要以罪论处。如果不是故意杀人的，只能算作医疗事故，"不应为罪"。这一思路与我国现行的《医疗事故处理条例》的精神一致。

须勾^①医人验针灸处，是与不是穴道，虽无意致杀^②，亦须说显是针灸杀，亦可科^③医"不应为罪"^④。

【注释】①勾：勾画，做记号。

②无意致杀：非故意致人死亡。

③科：判处，定罪。

④不应为罪：不应该做却强行去做的罪。

【译文】凡检验因针灸而死亡的尸体，必须在针灸处作记号，看是不是应该下针的穴道，虽然不是故意杀人，但明显是针灸致人死亡的，应该以"不应为罪"处置医生。

三一 劄口词

【题解】劄口词，即记录抄写病人的口述笔录。劄口词，首先要察看是不是病人自身的口述或笔录，以防有人代病人掩饰说谎。宋慈的这一意见，对我们今天做案情调查、讯问笔录也有十分重要的启示作用。

凡抄劄①口词，恐非正身②，或以它人伪作病状，代其饰说③。一时不可辨认，合④于所判状⑤内云："日后或死亡申官，从条检验⑥。"庶使豪强之家，预知所警。

【注释】①抄劄：抄录，抄记。

②正身：病人本人。

③代其饰说：为病人掩饰说假话。

④合：应该。

⑤判状：判决书。

⑥从条检验：根据相关条令检验。

【译文】凡记录病人口述，要防止口述人不是病人本人，可能是别人冒充病人，代为掩饰说谎。这种情况一时不能辨认的，可在判决书上写明："以后可能会有人在病人死后报官，请按规定检验。"这样，可以警示一些富豪大户，以免他们弄虚作假。

卷之五

三二 验罪囚死

【题解】罪囚,即监狱中的犯人。文中并未说明如何检验罪囚死,只是强调对非正常死亡的罪囚案件要"径申提刑司,即时入发递铺"。可见,当时对罪囚死的重视过于一般的死亡案件。

凡验诸处①狱内非理致死因人,须当径申②提刑司③,即时入发递铺④。

【注释】①诸处:各处。

②径申:直接申报。

③提刑司:即提点刑狱司,是宋代中央派出的"路"一级司法机构,负责监督管理所辖州府的司法审判事务,审核州府卷案。

④递铺:邮站,邮铺。

【译文】凡检验在押犯人非正常死亡的,验尸报告应直接向提刑司申报,并立即交付邮站传递。

三三 受杖死

【题解】受杖死①，即受杖刑而死。杖刑是宋朝的五刑之一，是使用最多的刑罚。宋朝的杖叫"官杖"，因统一使用荆木也叫"荆杖"。因杖的宽度不同，可分为大杖、小杖。

对于受杖刑而死的，主要察看阴囊、阴门、两胁肋、腰、小腹等部位。验看这些部位，不仅要看有无血荫，还要看伤痕是否溃烂，有无脓水，其中特别要注意一类情况，即荆杖伤到睾丸致死的。从中可以看出宋慈对这种损伤检验的仔细程度和全面程度。

定所受杖处疮痕阔狭②，看阴囊及妇人阴门，并两胁肋、腰、小腹等处，有无血荫痕。

小杖痕，左边横长三寸，阔二寸五分；右边横长三寸五分，阔三寸。各深三分。

大杖痕，左右各方圆三寸至三寸五分，各深三分，各有脓水，兼疮周回③亦有脓水，淹浸皮肉溃烂去处。

背上杖疮，横长五寸，阔三寸，深五分。如日浅时，宜说：兼疮周回有毒气攻注，青赤、皱皮④、紧硬去处。如日数多时，宜说：兼疮周回亦有脓水，淹浸皮肉溃烂去处，将养不较，致命身死。

又有讯腿杖⑤，而荆杖⑥侵及外肾⑦而死者，尤须细验。

【注释】①受杖死：受杖刑而死。

②疮痕阔狭：伤痕的长宽大小。

③周回：周围，周边。

④皱皮：脱皮，落皮。

⑤腿杖：即杖腿，打腿。

⑥荆杖：荆条制成的刑杖。

⑦侵及外肾：伤及睾丸。

【译文】检验受杖刑死亡的尸体，要检验受刑部位疮痕的长宽大小，要验看男尸的阴囊和女尸的阴门，以及两胁肋、腰、小腹等处有没有血荫。

用小杖打在臀部和大腿上的伤痕，左边的横长三寸，宽二寸五分；右边的横长三寸五分，阔宽三寸。各深三分。

用大杖打在臀部和大腿上的伤痕，左右两边长宽都是三寸至三寸五分，深三分，疮痕上有脓水，疮痕周围也有脓水，淹浸着皮肉溃烂的地方。

背上被杖打的伤痕，横长五寸，宽三寸，深五分。如果受杖刑没多久就死的，验尸报告上要写明：疮痕周围有毒气扩散，呈青红色，有的地方皮肤脱落，有的地方触之坚硬。如果受杖刑后很久才死的，验尸报告要这样填写：疮痕及疮痕周围都有脓水，脓水浸泡着皮肉溃烂的地方，因调养不善，导致死亡。

又有审讯时用荆杖打退，不小心伤及阴囊而死的，检验时一定要仔细认真。

三四 跌死

【题解】跌死，即从高处坠落摔死。这种死亡方式的一大特征是"外轻内重"，也就说尸体表面不过是一些磕碰伤痕，身体内部的损伤才是致命的。"若内损致命痕者，口、眼、耳、鼻内定有血出；若伤重分明，更当仔细验之"。

凡从树及屋临高跌死者，看枝柯挂瓣①所在，并屋高低，失脚处踪迹，或土痕高下，及要害处须有抵隐或物擦磕痕瘢。若内损②致命痕者，口、眼、耳、鼻内定有血出；若伤重分明，更当仔细验之。仍量扑落③处高低丈尺。

【注释】①树柯挂瓣所在：因系挂尸体致使树干折断的地方。
②内损：内部损伤。
③扑落：跌落，坠落。

【译文】凡从树、屋顶等高处摔下跌死的，要验看树枝断折挂绊处的痕迹，屋顶的高低，失足摔下处的痕迹，或着地处泥土的痕迹，以及死者要害部位有无不明显的伤痕或被物体磕碰擦伤的痕迹。如果内脏受了致命伤，口、眼、耳、鼻内一定会有血流出；如果伤损严重，更要仔细检验，把跌落处的高低丈量清楚。

三五 塌压死

【题解】塌压死是指被倒塌的重物压死。因塌压造成的伤痕，今天称为挤压伤。这种原因致死的，"须压着要害致命，如不压着要害不致死"。宋慈的这一说法与今天法医学上的观点相似。

最后，宋慈提到塌压伤也要将伤痕与塌压物比对，以排除他杀的可能。宋慈的考虑确实周到。

凡被塌压死者，两眼脱出，舌亦出，两手微握，遍身死血淤紫黯色，或鼻有血，或清水①出。伤处有血荫赤肿，皮破处四畔赤肿；或骨并筋皮断折。须压着要害致命，如不压着要害不致死。死后压即无此状。

凡检舍屋及墙倒石头脱落压着身死人，其尸沿身虚怯要害去处，若有痕损，须说长阔分寸，作坚硬物压痕，仍看骨损与不损。若树木压死，要见得所倒树木斜伤着痕损分寸。

【注释】①清水：这里指脑脊液。

【译文】凡被倒塌重物压死的，两眼突出，舌头伸出，两手微微握拳，全身皮下瘀血而呈紫黑色，有的鼻内会流出血或清水。受伤处有血荫并红肿，皮肤破损的部位四周也会红肿；有的骨头、筋、皮肉皆断裂。这类死亡必须压在身体的要害部位才能致命，如果没有压在要害部位就不会致命。人死后被压的没有上述这些特征。

　　凡检验因房屋和墙体倒塌、石头脱落等被压死的，尸体全身虚软的要害部位如果有伤痕，要在验尸报告上写明伤痕的具体尺寸。如果是坚硬物体压出的伤痕，要验看骨头是否折断。如果被树木压死，要验看树木该怎样斜倒才能压出这样的伤痕，以及伤痕的尺寸是否与树压的尺寸对应。

三六 压塞口鼻死

【题解】压塞口鼻死，即用外物压塞口、鼻造成的窒息死亡，俗称闷死。这种致死方式，在今天的电视剧里经常出现。在本节，宋慈提到了闷死者的尸体特征，但很多都不确切：一，腹部不一定有干胀现象；二，面部皮肤会出现小血点，但不一定满面血荫；三，大小便失禁，并不是闷死的独有特征，其他原因致死的，也可能出现此征象。

凡被人以衣服或湿纸搭口鼻死，则腹干胀。

若被人以外物压塞口鼻，出气不得后命绝死者，眼开睛突，口鼻内流出清血水，满面血荫①赤黑色，粪门突出，及便溺污坏衣服。

【注释】①满面血荫：被外物压住口鼻窒息而死的整个面部带有瘀血。

【译文】凡被人用衣服或湿纸搭在口鼻上闷死的，腹部干胀。

如果是被人用其他物体塞住口鼻，因无法呼吸而死亡的，眼睛睁开，眼球突出，口鼻内流出清水或血水，面部赤黑且有瘀血，肛门突出，大小便失禁，污脏裤子。

三七 硬物瘾痏死

【题解】硬物瘾痏死^①，是指坚硬物体击伤人体深藏的重要器官如肝、脾、心、肺等发生的死亡。由于这种死亡多不会当场毙命，而是在伤后发生迟发性器官破裂导致死亡，所以受伤者在受伤当时往往忽略这些看不见的内伤而死亡。这种死亡方式，在今天利用解剖技术可以很容易进行尸检，但在宋慈的那个年代，不用说检验，只要知道有人会这样死亡就已经不容易了。所以，本节的内容，字数虽少，但透露出的写书人的验尸素养和技能却很高很深。

凡被外物瘾痏死者，肋后有瘾痏着紫赤肿，方圆^②三寸、四寸以来，皮不破，用手揣捏得筋骨伤损，此最为虚怯要害致命去处。

【注释】①硬物瘾痏死：被坚硬物体击伤人的身体内部器官如肝、脾、心、肺等致死。
②方圆：伤痕面积。
【译文】凡被硬物顶压致死的，肋后被顶压部位会有紫红色的肿胀，肿块面积约三四寸，皮肤不破裂，用手摸捏，会摸到筋骨折断的地方，此处是最为虚软的要害致命部位。

三八 牛马踏死

【题解】踏伤，又叫踩踏伤，一般轻度或局部非重要器官的踩踏伤不会致命，只有重要部位或器官的严重踩踏伤才会导致死亡。踩踏伤的检验并不难，只要验看死者是否具有本文所说的这些特征即可。但有时也会有被人谋杀后，再让牛马踩踏的案例，所以要认真鉴别。

凡被马踏死者，尸色微黄，两手散，头发不慢，口鼻中多有血出，痕黑色。被踏要害处便死，骨折，肠脏出；若只筑倒或踏不着要害处，即有皮破瘾赤黑痕①，不致死。驴足痕小。

牛角触者，若皮不破，伤亦赤肿。触着处多在心头、胸前，或在小腹、胁肋，亦不可拘。

【注释】①瘾赤黑痕：隐在身体内部的赤黑色伤痕。瘾：同"隐"。

【译文】凡被马踏死的，尸体呈淡黄色，两手散开，头发不乱，口鼻多有出血，踏痕为黑色。被踩到要害部位就会致命，骨头断裂，肚肠流出。如果只是被撞倒，或踩踏的不是要害部位，即使皮肤破裂，有赤黑色的踏痕，也不会致死。被驴足踩踏的伤痕较小。

　　被牛角顶伤，即使皮肤没有破损，伤痕处也会红肿。被顶触的部位多在心口、胸前或在小腹、胁肋，当然也不局限于这些地方。

三九 车轮拶死

【题解】车轮拶死,即被车轮轧死、碾死。这种损伤多以内脏损伤为主,严重的会有内出血,出现肤色微黄的征象,但并非如本文所说,只要是被车轮拶死,就会"其尸体肉色微黄"。

凡被车轮拶死①者,其肉色微黄,口眼开,两手微握,头髻紧。

凡车轮头拶着处,多在心头胸前,并两胁肋。要害处便死,不是要害不致死。

【注释】①拶死:碾压死,轧死。

【译文】凡被车轮碾压死的,尸体呈淡黄色,口张眼开,两手微微握拳,发髻紧束。

凡被车轮迎面碾压的,受伤处多在心口、胸前及两胁肋。如果碾压的是要害部位就会死亡,不是要害部位就不会致死。

四十 雷震死

【题解】雷震死，即被雷电击伤致死。在古代被雷电击伤而死，多被认为是遭天谴或报应而死，只有少数具备科学知识、不迷信的人才会做出如本节一样的分析。宋慈在这里提到的雷电击伤特征基本符合事实，但所谓的"耳后发际焦黄"却是一种偶然现象，并非全都如此。因为人体某部位只有受到强大电流灼烧或通过，将体内组织烧焦时才会出现这种状况。

凡被雷震死者，其尸肉色焦黄，浑身软黑，两手拳散，口开眼皱①，耳后发际焦黄，头髻披散，烧着处皮肉紧硬而挛缩②，身上衣服被天火③烧烂。（或不火烧）伤损痕迹，多在脑上及脑后，脑缝多开，鬓发如焰火烧着。从上至下，时有手掌大片浮皮紫赤，肉不损，胸、项、背、膊上，或有似篆文痕④。

【注释】①眼皱：凸出。
②挛缩：原义为痉挛，引申为抽缩，紧缩。
③天火：指雷电。
④似篆文痕：像篆字一样的雷击痕。

【译文】凡被雷击死的，尸体肉色焦黄，全身软黑，两手散开，口开眼突，耳后发际呈焦黄色，头发披散，被雷电烧着的部位皮肉紧硬收缩，身上衣服被雷电烧烂。（有的衣服没有被烧）雷击的伤损痕多在头顶和脑后，颅缝多裂开，鬓发像被火焰烧着一样。从头到脚全身随处可见手掌般大小的紫红色浮皮，肌肉没有损伤，胸、项、背、胳膊上有的会留有像篆文一样的雷击痕。

四一 虎咬死

【题解】本节对虎咬伤的部位和伤口的特征等写得较为详细，如"伤处多不齐整，有舌舐齿咬痕迹"，"多咬头项上，身上有爪痕掰损痕"，"伤处呈窟"。

本节末尾宋慈附有一段民间传言：月初咬头项，月中咬腹背，月尽咬两脚。猫儿咬鼠亦然。这就纯属附会，无稽之谈了。

凡被虎咬死者，尸肉色黄，口眼多开，两手拳握，发髻散乱，粪出。伤处多不齐整①，有舌舐齿咬痕迹。

虎咬人，多咬头项上，身上有爪痕掰损痕。伤处成窟，或见骨，心头、胸前、臂腿上有伤处。地上有虎迹，勒画匠画出虎迹，并勒村甲及伤人处邻人供责为证。（一云②：虎咬人，月初咬头项，月中咬腹背，月尽咬两脚，猫儿咬鼠亦然）

【注释】①不齐整：不整齐。

②一云：另一种说法。

【译文】凡被老虎咬死的，尸体颜色发黄，口眼多张开，两手握拳，发髻散乱，肛门有粪便流出。伤痕多不整齐，有舌头舔过和牙齿咬过的痕迹。

老虎咬人，多咬在头部和颈部，身上有爪抓痕和撕裂痕。受伤部位常被咬成窟窿，有的可以见到骨头，心口、胸前、手臂、腿上也会有伤痕。地上有老虎的足迹，勒令画匠画出老虎的脚印，并责令村里的保甲及案发现场的邻人负责陈述作证。（另一种说法：老虎咬人，月初咬头部和颈部，月中咬腹部和背部，月末咬两脚。猫咬老鼠也是如此）

四二 蛇虫伤死

【题解】对被毒蛇、毒虫咬死者的检验，本文主要讲了两点：一，受伤处有咬齿痕；二，伤口青肿光亮，有青黄水流出，面黑。这两点是被毒蛇、毒虫咬死的重要证据。但本文提到凡被毒蛇、毒虫咬死的，面色发黑，却不准确。因为被咬伤部位只有在面部时，面部才会发黑，如果不是面部，一般面部不发黑。

凡被蛇虫伤致死者，其被伤处微有啮损黑痕，四畔①青肿，有青黄水流，毒气灌注四肢，身体光肿，面黑。如检此状，即须定作毒气灌着甚处致死。

【注释】①四畔：四周。

【译文】凡被毒蛇、毒虫咬伤致死的，受伤处有被咬的小黑痕，周围有青肿，流出青黄水，身体肿胀发亮，面色发黑。如果检验出这些特征，就要定作毒气侵入身体某个部位而致死。

四三 酒食醉饱死

【题解】酒食醉饱死①指因饮酒过量、饮食过饱导致的死亡。其真正的死亡原因比较复杂，有的可能是酒精中毒而死，有的可能是因酒食醉饱诱发原有的病患而死，有的可能是由于酒食醉饱给身体器官造成太大的压力和损伤致死。本文对酒食醉饱造成的各种死因虽然交代不详，但检验方法却有很多可取之处：一，讯问有关聚餐人员或亲属，排除他杀的可能；二，以醋汤洗检尸体，看身上有无伤痕，以防被人谋杀致死；三，拍死者肚腹，膨胀而响者即因酒食醉饱而死。

凡验酒食醉饱致死者，先集会首②等，对众勒仵作行人用醋汤洗检。在身如无痕损，以手拍死人肚皮膨胀而响者，如此即是因酒食醉饱过度，腹胀心肺致死。仍取本家亲的骨肉供状，述：死人生前常吃酒多少致醉，及取会首等状，今来吃酒多少数目，以验致死因依。

【注释】①酒食醉饱死：因酒食过度引发疾病而死。
②会首：组织聚会的主家。

　　【译文】凡检验因酒食醉饱身死的尸体，先召集组织聚餐的主人及参与者到场，当众责令仵作、吏役用醋、热水擦洗尸体。尸体上如果没有伤痕，用手拍死人的肚皮，膨胀有响声的，就是因过度饮酒进餐导致腹胀压迫心肺而死。还要录取死者亲属的口词，问明死者生前一般喝多少酒才会醉倒，还要问明组织聚餐的主人，这次聚餐死者喝了多少酒，以此来推断死亡原因。

四四 筑踏内损死

【题解】筑踏内损死^①，是指酒饭吃得过饱被人用膝盖或足顶着蹬踹而死。与上一节相比，虽然都是酒食醉饱后的死亡，但一个是自身内部原因致死，一个是外人外力致死，所以不得不加以区别。那时的宋慈不但将这两种死因分了类，并且指出了筑踏内损死的尸体征象，可见他的验尸水平和理论水平有多高。

凡人吃酒食至饱，被筑踏内损，亦可致死。其状甚难明，其尸外别无他故，唯口、鼻、粪门有饮食并粪，带血流出。遇此形状，须仔细体究，曾与人交争，因而筑踏。见人^②照证分明，方可定死状。

【注释】①筑踏内损死：因撞踏致内脏受伤而死。
②见人：证人，目击者。
【译文】凡人酒饭吃得过饱，被人撞踏损伤内脏的，也会致死。这样死亡的，特征不明显，尸体外表看不出伤痕，只有口、鼻内有食物外溢，肛门有带血粪便流出。遇到这种情况，一定要仔细查验，是不是生前曾与人争斗，被撞踏而死的。见证人的证词与尸体的症状对应吻合的，才能做出结论。

四五 男子作过死

【题解】男子作过死，是指男子因房事过度而死。这种死亡的原因有两种：一，男子在本身体弱或极度劳累的情况下，由于过度房事，精气耗尽，虚脱而死；二，本身患有某种疾病，房事时引发疾病而死。宋慈在这里只提到第一种死因，不全面。

至于说到男子房事过度而死的阴茎依旧呈勃起状态，则不符合科学。因为人死之后血液循环停止，阴茎自然就会软瘫，只有个别人死后，阴茎血管痉挛，充血的血管不能立即恢复，才可能出现坚挺不衰的现象。

凡男子作过①太多，精气耗尽，脱死②于妇人身上者，真伪不可不察。真则阳不衰③，伪者则痿④。

【注释】①男子作过：男子性交过度。
②脱死：男子性交过度导致身体虚脱而死。
③阳不衰：阴茎坚挺。阳：阴茎。不衰：不软，坚挺。
④痿：阴茎萎软。
【译文】凡男子因房事过度，精气衰竭，虚脱死在女人身上的，真

假不可不审察辨明。真是因精气衰竭而死的，阴茎坚挺不软，假的则阴茎萎软。

四六 遗路死

【题解】死后尸体被弃置在路边的，称为遗路死。遗路尸多为无主尸体。造成遗路死的原因有二：自己突然死亡倒在路边的和被人谋害抛弃在路边的。对于遗路死，宋慈强调不能只听信当地保甲的诉说，要"多方体访"，才能查明真正死因。

或者被打死者，扛在路旁，耆正只申官作遗路死尸，须是仔细。如有痕迹，合①申官，多方体访。

【注释】①合：应该。

【译文】有的人被打死，扔在路边，当地保甲报官时只说是路边死尸，这种情况要仔细检验。如果发现尸身上有伤痕，应该报官，并多方调查探访事情真相。

四七 仰卧停泊赤色

【题解】仰卧停泊赤色，是指人死后仰卧停放的尸体低下部位会出现淡红色的尸斑。这一节是专门探讨尸斑的。尸斑的形成是由于人死后血液下坠聚积形成，多出现在尸体的低下部位，如仰卧的尸体，多出现在项、背、腰、臀及四肢的低下部位和躯干的两侧。尸斑一般在人死后1~2小时出现，6小时之内尸斑会随着尸体位置的变化而转移，6小时以后即使尸体移动尸斑也不会转移并且会出现新的尸斑，所以法医学上常根据尸斑的位置和分布情况推测死亡时间、死亡时尸体的朝向和死亡后尸体有无移动。

尸斑的颜色一般为紫红色，贫血者呈淡红色，一氧化碳中毒者为鲜红色。宋慈在那时就认识到尸斑的形成，并告诫验尸官不要把尸斑当作生前伤，是十分了不起的。但尸斑的出现是尸变的一种正常现象，不能作为是否他故身死的原因，所以本节末尾"即不是别致他故身死"的论断下的太武断了。

凡死人项后、背上、两肋、后腰、腿内、两臂上、两腿后、两曲、两脚肚子上下有微赤色。

验是本人身死后一向仰卧停泊，血脉坠下，致有此微赤色，即不是别致他故身死。

【译文】凡死人颈后、背上、两肋、后腰、腿内、两臂上、两腿后、两腘窝、两腿肚子有淡红色尸斑，经检验乃是死者死后一直仰卧停放，尸体下部由于血液下坠凝聚，以致出现这种淡红色的尸斑。不可误认为是生前受伤致死。

四八 虫鼠犬伤

【题解】本节说的是人死后尸体被昆虫、老鼠和狗咬伤的情况。这种情况的受伤处周围有"啮痕踪迹""皮肉不齐去处",但说"皮破无血"则不全面,因为咬伤的如果是尸体低下聚血部位,就可能有出血现象,只不过血液不凝固而已。

凡人死后被虫鼠伤,即皮破无血,破处周回有虫鼠啮痕踪迹,有皮肉不齐去处,若狗咬则痕迹粗大。

【译文】凡死后被虫、鼠咬伤的,皮肉破损但不会出血,破损的皮肉周围有虫、鼠咬过的痕迹,伤口参差不齐。如果是狗咬的,则咬痕粗大。

四九 发冢

【题解】发冢①，指挖掘坟墓，这里特指被盗墓贼盗过的坟墓。宋慈说到，被盗的坟墓有两大显著特征：一，掘开的坟土狼藉；二，棺内有陪葬品丢失。从严格意义来讲，本节的记载已不属于法医学上的尸检范畴。

验是甚向②，坟围长阔多少。被贼人开锄，坟土狼藉，锹锄开深尺寸见板③，或开棺见尸。勒所报人具出④：死人原装着衣服物色，有甚不见被贼人偷去。

【注释】①发冢：被盗过墓。发：发掘，挖掘。冢：坟墓。

②甚向：什么方向。

③板：棺材板。

④具出：写出，列出。

【译文】检验被盗过的坟墓，要验看坟墓的坐向、长宽。如果盗墓贼已经挖开坟墓，坟土凌乱的，要测量挖的深度，并验看是只露出棺材板还是棺材板已被打开露出尸体。责令报案人一一说出：死者原来穿着什么衣服，有什么陪葬品不见了，是否被盗墓贼盗走。

五十　验邻县尸

【题解】验邻县尸①是宋朝的法律规定：对于某些重大案件或特殊案件，当地官员应回避，请邻县官员前来验尸。请邻县验尸，一般属于复检的程序，尸体往往已腐烂见骨。本节提到复检官要做好复检工作要做到：不被差役仵作蒙骗，不随便相信他们报说的尸体腐烂到无法检验；接到验尸公文，要先把自己的接文时间、启程日期等申报上级；要及时赶到现场，不得随意停留，不到夜晚不休息住宿；到达现场要录取周围人的口供；尸体确实无法检验的要据实详细填写验尸报告；如果尸体有一个地方可以检验，就要检验。

凡邻县有尸在山林荒僻处，经久损坏，无皮肉，本县已作病死检了②，却牒邻县复③。盖为他前检④不明，于心未安，相攀复检。如有此类，莫若⑤据直⑥申：其尸见有白骨一副，手、足、头全，并无皮肉、肠胃。验是死经多日，即不见得因何致死。所有尸骨未敢给付埋殡，申所属施行。不可被公人给⑦作无凭检验。

【注释】①验邻县尸：请邻县的官员验尸。

②本县已作病死检了：本县检验完毕已作出病死的结论。了：完成，完毕。

③复：复检。

④前检：初检。

⑤莫若：不如，不若。

⑥据直：据实。

⑦绐：欺骗。

【译文】凡在邻县的荒山野林里发现的尸体，隔的时间长了，尸体腐烂，皮肉无存，本县已作检验，定作病死的，却仍要发文到邻县请求复检。因为初检结果不详细不具体，于心不安，所以要邻县来复检。遇到这种情况，不如据实申报：尸体只剩白骨一副，手、足、头齐全，皮肉、肠胃全无。经检验尸体已死多日，无法检验出致死原因。所有尸骨不敢交付埋葬，所以报告上级，听候指示。不可被仵作、差役蒙骗，轻率地就定作无法检验。

凡被牒往他县复检者，先具承牒时辰①、起离前去②事状，申所属官司。值夜止宿。及到地头，次第③取责干连人罪状，致死今经几日，方行检验。如经停日久，委的皮肉坏烂，不任看验者，即具仵作行人等众状，称：尸首头、项、口、眼、耳、鼻、咽喉上下至心胸、肚脐、小腹、手脚等，并遍身上下尸胀臭烂，蛆虫往来哑食，不任检验。如稍可验，即先用水洗去浮蛆虫，仔细依理检验。

【注释】①承牒时辰：接到公文的时间。

②起离前去：起程前去。

③次第: 依次。

【译文】凡被派去他县复检的官员, 先要把何时接到公文、何时启程等事项, 申报上司。要及时奔赴邻县, 只有遇到夜间才可停宿。到达案发现场后, 要依次讯问案件的相关人员问清死者死后多久才进行的检验。如果尸体停放的尸体比较久, 确是皮肉腐烂至无法检验, 就让参与检验的所有人员共同出具书面报告, 报告上这样写: 尸体头、颈、口、眼、耳、鼻、咽喉上下至心口胸前、肚脐、小腹、手脚等, 全身上下皆发胀腐臭, 布满蛆虫, 无法检验。只要稍微有可以检验的地方, 就要用水洗去尸体上的蛆虫, 按照检验顺序仔细地进行检验。

五一 辟秽方

【题解】辟秽方①即辟除尸臭、秽气的药方。暂且不管本节所列的"三神汤""辟秽丹""苏合香圆"是否有效，单从法医学的完整系统来看，既要有尸检的部分，也要有自我防护的部分。《洗冤集录》作为当今中外学者公认的世界最早的、最系统的法医学著作，如果没有本节的内容，恐怕"世界最早的、最系统的法医学著作"的名誉不会落在它的头上。所以，本节文字虽少，在全书中的地位却很重要。

〔三神汤〕 能辟死气②。

苍术（二两。米泔③浸两宿，焙干）　　白术（半两）　　甘草（半两，炙）

右④为细末，每服二钱，入盐少许，点服⑤。

〔辟秽丹〕 能辟秽气⑥。

麝香（少许）　细辛（半两）　甘松（一两）　川芎（二两）

右为细末，蜜圆如弹子大，久窨⑦为妙，每用一圆烧之。

〔苏合香圆⑧〕 每一圆含化，尤能辟恶⑨。

【注释】①辟秽方: 辟除尸体臭气的药方。

②死气: 尸臭。

③米泔: 淘米水。

④右: 古代人书写是从上而下、从右到左, 所以右指前面写到的。

⑤点服: 分次数服用。

⑥秽气: 毒气。

⑦窨(yìn): 埋入地窖。同"阴"阴干。

⑧圆: 丸。

⑨恶气: 即上面提到的尸臭和毒气。

【译文】〔三神汤〕 能驱除尸臭。

苍术(二两, 淘米水浸泡两夜后烘干) 白术(半两) 甘草(半两, 烘干)

以上研成细粉末, 每次服用两钱, 放入少量盐, 分多次服用。

〔辟秽丹〕 能驱除秽气。

麝香(少量) 细辛(半两) 甘松(一两) 川芎(二两)

以上研成粉末, 调和蜂蜜制成弹子大小的圆丸, 藏入地窖中, 越久越好, 每次使用时拿一丸来焚烧发烟。

〔苏合香丸〕 每次含一丸在口中, 能驱除恶臭。

五二 救死方

【题解】本节所记载的是一些急救的法子, 包括救上吊者、救溺水者、救中暑者、救被冻晕者、救梦魇者、救中风者, 救被杀伤者, 救胎动不安者, 救受惊吓晕死者等。所以, 题目中所谓的死, 并不是真正的死亡, 而是我们今天所说的昏死、假死、濒死状态或临床死亡。如果是真正的死亡, 不论是谁都不可能起死回生。

本节介绍的很多法子, 具备一定的科学道理, 今天仍有沿用者, 但其中也有很多法子是道听途说来的, 属于民间传说一类, 如"先打壁泥一堵, 置地上, 却以死者仰卧其上, 更以壁土覆之, 止露口眼, 自然水气翕入泥间, 其人遂甦。""夜间魇者, 原有灯即存, 原无灯切不可用灯照""凡卒死……用韭黄心于男左女右鼻内, 刺入六、七寸, 令目间血出即活"。

若缢, 从早至夜, 虽冷亦可救; 从夜至早, 稍难。若心下温, 一日以上犹可救。不得截绳, 但款款①抱解放卧, 令一人踏其两肩, 以手拔其发, 常令紧。一人微微捻整喉咙, 依元以手擦胸上散动之; 一人磨搦②臂足屈伸之。若已僵, 但渐渐强屈之。又按其腹。如此一饭久, 即气从口出, 得呼吸。眼

开，勿苦劳动，又以少官桂汤③及粥饮与之，令润咽喉，更令
二人以笔管吹其耳内。若依此救，无有不活者。

【注释】①款款：慢慢，缓缓。②磨搦：按摩，拉伸。③官桂
汤：汤药名。

【译文】如果是自缢之人，即使从早晨吊到晚上，身体已经变冷，
也还能救活；如果是从夜晚吊到早晨，则较难救活。如果心窝还热，即
使隔了一日，也能救活。抢救时，不要把绳子截断，而是要抱住上吊者
慢慢解开绳索，放在地上，使其仰卧，叫一人踏住他的两肩，用手抓住
他的头发，要一直抓紧。还要叫一个人用手轻轻按摩他的喉咙和胸部，
疏通他的呼吸和血脉；还要有一个人按摩、拉伸他的手腿。如果上吊者
身体已经僵硬，要缓缓地拉伸他的四肢，并按摩他的腹部。这样抢救一
顿饭的功夫，上吊者口中就会有气吐出，逐渐恢复呼吸。上吊者的眼睛
睁开后，抢救者要不辞劳苦继续进行抢救，并喂一点官桂汤和稀粥，润
润喉咙，还要让两个人用笔管向他的耳朵内吹气。如果照此方法抢救，
没有救不活的。

又法：紧用手罨其口，勿令通气，两时许，气急即活。
又，用皂角、细辛等分为末，如大豆许，吹两鼻孔。

【译文】另一方法：用手紧紧捂住上吊者的嘴，不要使她通气，两
个时辰后，被憋急的气体在体内冲动，就可救活。

还有一种方法：用皂角、细辛混合研成粉末，取出如黄豆大小的一
点，用笔管吹入上吊者的两鼻孔。

水溺一宿者尚可救。捣皂角以绵裹纳下部内，须臾出水即活。

又，屈死人两足，着人肩上，以死人背贴生人背，担走，吐出水即活。

又，先打壁泥一堵，置地上，却以死者仰卧其上，更以壁土复之，止露口眼，自然水气翕入泥间[1]，其人遂甦[2]。洪丞相在鄱阳，有溺水者，身僵气绝，用此法救即甦。

又，炒热沙覆死人面，上下着沙，只留出口、耳、鼻，沙冷湿又换，数易即甦。

又，醋半盏，灌鼻中。

又，绵裹石灰纳下部中，水出即活。

又，倒悬，以好酒灌鼻中及下部。

又，倒悬解去衣，去脐中垢，令两人以笔管吹其耳。

又，急解死人衣服，于脐上灸百壮[3]。

【注释】[1]水气翕入泥间：干燥的墙土会把溺水者身上的水气吸收，与下面提到的以热沙覆盖溺水者身体是同一原理。

[2]甦：同"苏"。苏醒，复活。

[3]灸百壮：艾灸一百下。壮：灸法术语，是艾炷灸中的计数单位。每灸一个艾炷，称为一壮。

【译文】溺水一夜的人也可以救活。把皂角捣烂，用棉絮包好塞进肛门内，不久，肛门内就会有水流出，这样可以救活。

另一方法：把溺水人的双腿搭挂在抢救者的肩膀上，溺水人的背要紧贴抢救者的背，抢救者背着溺水人不停地走，水就会从口中吐出而复活。

另一方法：先打碎一面土墙，铺在地上，然后让溺水人仰卧在上面，再用墙土覆盖全身，只露口眼，这样水气自然就会被吸收，溺水人从而复活。洪丞相在鄱阳用此法救活许多因溺水而身僵气绝的人。

另一个方法：把炒热的沙覆盖溺水者全身，只留出口、耳、鼻，等到沙冷湿后就再换热沙，这样不过几次，溺水人就会复活。

另一个方法：把半杯醋灌入溺水人的鼻中，也可救活。

另一个方法：用棉絮包石灰塞进肛门，有水流出的就能救活。

另一个方法：让溺水人倒悬，用好酒灌入鼻孔和肛门。

另一个方法：让溺水人倒悬，脱掉他的衣服，除去他肚脐中的泥垢，叫两个人用笔管朝他的耳朵吹气。

另一个方法：迅速脱掉溺水者身上的衣服，在他的肚脐上薰灸百次。

喝死①于行路上，旋②以刀器掘开一穴，入水搅之，却取烂浆以灌死者，即活。中喝不省人事者，与冷水吃即死。但且急取灶间微热灰壅之，复以稍热汤蘸手巾，熨腹胁间，良久甦醒，不宜便与冷物吃。

冻死，四肢直，口噤。有微气者，用大锅炒灰令暖，袋盛熨心上，冷即换之。候目开，以温酒及清粥稍稍与之。若不先温其心，便以火炙，则冷气与火争必死。又用毡或藳荐③卷之，以索系，令二人相对踏，令滚转往来如衦（古旱切，摩展衣也）毡④法，候四肢温即止。

【注释】①暍死：中暑而死。

②旋：立刻，马上。

③藁荐：草席。

④衬毡：把毡碾平、压平。

【译文】因中暑倒在路边的，立刻用刀在泥地上挖个洞，灌入水捣成泥浆，然后把泥浆灌入死者口中，即可复活。中暑不省人事的，给他冷水喝就会立即死亡。只能赶紧取灶中微热的灰捂盖他，再用湿热毛巾敷其腹部和两胁间，一段时间后就会苏醒复活。千万不要把冷食物拿给中暑的人吃。

冻死的人，四肢僵直，口紧闭。尚有微弱气息的，用大锅炒灰至温热，用布袋装好，敷在冻死者的心窝，灰冷后马上换成热的。等到眼睛睁开，让他喝点温酒和清粥。如果不先温暖他的心窝，就用火烤，那么冷热相激，必然加快死亡。也有用毛毡和草席把受冻者裹起来，用绳索系好，叫两个人面对面地用脚推动，使他来回滚动，像碾平地毯那样，等到四肢温热后就可停止。

魇死①，不得用灯火照，不得近前急唤，多杀人。但痛咬其足跟及足拇指畔，及唾其面必活。

魇不省者，移动些小卧处，徐徐②唤之即省。夜间魇者，原有灯即存，原无灯切不可用灯照。

又用笔管吹两耳，及取病人头发二七茎，撚作绳，刺入鼻中。

又盐汤灌之。

又研韭汁半盏灌鼻中。冬用根亦得③。

又，灸两足大拇指聚毛中三七壮④。（聚毛乃脚指向上生毛处）

又，皂角末，如大豆许，吹两鼻内，得嚏则气通，三四日者尚可救。

【注释】①魇死：梦魇而死，做噩梦惊厥致死。

②徐徐：慢慢。

③冬用根亦得：冬天使用韭黄的根也可以。

④三七壮：艾灸二十一下。

【译文】被梦魇住的人，不能用灯火照，不能在他面前大声叫唤，这样多会加速他的死亡。只要痛咬他的脚后跟及脚拇趾旁，以及向他脸上吐唾沫，就可把他救活。

被梦魇住不省人事的，略微移动下他睡觉的位置，慢慢唤醒他。夜间梦魇的，房内原有灯的不要熄灭，原没有灯的千万不可用灯照。

也有用笔管向梦魇者耳朵内吹气，及摘取病人的十四根头发，捻成绳，伸入鼻孔，刺激其苏醒的。

也可以用盐水灌入梦魇者口中。

也可以把半杯捣烂的韭菜汁灌入梦魇者鼻中。冬天用捣烂的韭黄根汁液也可以。

另一种方法：在梦魇者两脚大脚趾生毛的地方薰灸二十一次。（所谓聚毛是指脚趾上生毛的地方）

另一种方法：把皂角磨成粉末，取黄豆般大小的一点，用笔管吹入梦魇者两鼻孔内，打过喷嚏就代表呼吸畅通，这样即使梦魇了三四天也能救活。

中恶客①忤卒死。凡卒死，或先病及睡卧间忽然而绝，皆是中恶也。用韭黄心于男左女右鼻内，刺入六七寸，令目间血出即活。视上唇内沿，有如粟米粒，以针挑破。

又，用皂角或生半夏末，如大豆许，吹入两鼻。

又，用羊屎烧烟熏鼻中。

又，绵浸好酒半盏，手按令汁入鼻中，及提其两手，勿令惊，须臾即活。

又，灸脐中百壮，鼻中吹皂角末，或研韭汁灌耳中。

又，用生菖蒲研取汁一盏灌之。

【注释】①恶客：指病。

【译文】有些人会因中了邪魔突然死亡。凡猝死，有的原来就有疾病，有的则是在睡梦中忽然气绝而死，这都可算作中邪魔而死。用韭黄心刺入男左女右的鼻孔，约六七寸，看见其鼻内有血流出就可复活。还要察看嘴唇的内侧有无粟状颗粒，如果有要用针挑破。

另一个方法：用皂角或生半夏的粉末，取如黄豆般一点，吹入两鼻内。

另一个方法：用羊屎烧烟熏鼻孔。

另一个方法：用棉絮蘸取半杯上好的酒，用手挤压，使酒汁滴入鼻中，按住两手，不要让他乱动，不久就能复苏。

另一个方法：在肚脐上薰灸百次，或向鼻孔吹皂角研成的粉末，或把捣烂的韭菜汁灌入耳中。

另一个方法：用生菖蒲研取汁液一杯灌入口中。

杀伤。凡杀伤不透膜者，乳香、没药各一皂角子大，研烂，以小便半盏、好酒半盏同煎，通口服。然后用花蕊石散，或乌贼鱼骨或龙骨为末，敷疮口上立止。

推官①宋璪，定验两处杀伤，气偶未绝，亟令保甲各取葱白热锅炒熟，遍敷伤处，继而呻吟，再易葱，而伤者无痛矣。曾以语乐平知县鲍旗。及再会，鲍曰："葱白甚妙，乐平人好斗多伤，每有杀伤，公事未暇诘问，先将葱白敷伤损处，活人甚多，大辟②为之减少。"出《张声道经验方》。

【注释】①推官：官名，掌管州、府一级的刑狱诉讼事件。
②大辟：死刑。

【译文】救治被杀伤的。凡被杀伤，没有伤到内膜的，用皂角般大小的乳香和没药各一粒，磨成粉末，混合半杯尿液、半杯好酒一起煎熬，温热时一同喝下。然后把花蕊石散，或乌贼骨或龙骨研成粉末，敷在伤口上，就会止痛止血。

审判官宋璪检验一个身有两处杀伤的人，见伤者尚有气息，便急忙叫保甲把葱白放在热锅里炒熟，敷在受伤处，不久，伤者就发出呻吟声，再换葱白，伤者已经不再喊痛。宋璪曾把这个方法告诉乐平知县鲍旗。再遇到鲍旗时，鲍说："用热葱白敷贴这种方法真妙。乐平这个地方的人好争斗，常把人打伤，每次遇到杀伤案件，我因公事无暇讯问事件详情，就先将葱白敷贴在受伤者的受伤处，救活了不少人，为此，我们这里被判死刑的人都大大减少了。"这个方子出自《张声道经验方》

胎动不安。凡妇人因争斗胎不安，腹内气刺痛、胀、上喘者，川芎（一两半）当归（半两）右为细末，每服二钱。酒一大盏，煎六分，炒生姜少许在内，尤佳。

又，用苎麻根一大把，净洗，入生姜三五片，水一大盏，煎至八分，调粥饭与服。

惊怖死①者，以温酒一两盃灌之，即活。

【注释】①惊怖死：受惊吓而昏死。

【译文】救治胎动不安的人。凡怀孕的妇女，与人争斗，胎动不安，腹内气胀刺痛，气喘不止的，可把川芎（一两半）、当归（半两）研成细末，每次服用二钱。如果加入一大杯酒，煎至剩余十分之六，并混合少量炒过的生姜，效果更好。

另一个方法：用苎麻根一大把，洗干净，放三五片生姜，一大杯水，煎到剩下十分之八，调和粥饭服用。

受惊吓昏死的，灌下一两杯温酒，就会救活。

五绝及堕打卒死等，但须心头温暖，虽经日亦可救。先将死人盘屈在地上，如僧打坐状，令一人将死人头发控放低，用生半夏末①以竹筒或纸筒、笔管吹在鼻内。如活，却以生姜自然汁灌之，可解半夏毒。（五绝者，产、魅、缢、压、溺。治法：单方半夏一味）

卒暴②、堕撷③、筑倒④及鬼魇死，若肉未冷，急以酒调苏合香圆灌入口，若下喉去，可活。

【注释】①夏末：草本植物，根茎可入药，有燥湿化痰的作用。生半夏，有毒。

②卒暴：猝死。

③坠摭：从高处坠落摔死。

④筑倒：被撞压致死。

【译文】"五绝"而死、从高处坠落摔死、被打伤而死以及猝死的，只要心窝尚有温暖，即使隔的时间长了也可以救活。先让死者盘曲双腿，坐在地上，像和尚打坐一样，再叫一个人把死者的发髻放低，把生半夏粉末用竹筒或纸筒、笔管吹入死者鼻内。如果死者被救活，就用生姜汁灌入死者口中，可以解除半夏的毒。（所谓五绝，指难产、梦魇、上吊、塌压、溺水。救治方法，单用半夏一味。）

暴病猝死、坠跌摔死、被撞击而死及鬼魇死，如果人体未冷，急忙用酒调和苏合香丸灌入死者口中，如果能灌下喉去，就可以救活。

五三 验状说

【题解】本文介绍的是验尸报告应该怎样填写。前面第三节"检复总说下"有关于验尸报告的内容，以后的章节里也多次针对具体尸检情况介绍过验尸报告的填写，这里又单列一节专门描述验尸报告，可见宋慈对验尸报告的重视。为什么要重视验尸报告？宋慈回答了四点：一，根寻本原，推勘死因的依据；二，有人来认领无主尸首时，可用验状"证辨观之"；三，验状简略不全，妨碍"久远照用"；四，官府断案全凭验状。所以，验尸报告一定要认真、详细地填写，做到客观、科学、实事求是，不可简略不全，更不可有疏忽遗漏的地方。

总观《洗冤集录》全书，里面详细记载了验尸的条令、初检、复检、验尸的自我防护工作、急救的方法和验尸报告等多个方面，可以说有一整套工作规范和法律思想体系，虽然有些地方不尽科学，不尽全面完整，但这些不足不会抹杀它对我国法医学事业发展所做的突出贡献，不会妨碍它在我国乃至世界法医学发展史上的地位——世界最早的、系统的法医学专著。

凡验状①须开具②：死人尸首原在甚处？如何顿放？彼处

四至？有何衣服在彼？逐一各检劄名件③。其尸首有无雕青④、灸瘢，旧有何缺折肢体及伛偻⑤、拳跛⑥、秃头，青紫、黑色⑦、红痣、肉瘤、蹄踵⑧诸般疾状，皆要一一于验状声载，以备证验诈伪，根寻本原推勘⑨。及有不得姓名人尸首⑩，后有骨肉⑪陈理⑫者，便要验状证辨观之。今之验状，若是简略，具述不全，致妨久远照用⑬。况验尸首，本缘非理，狱囚、军人、无主死人，则委官定验，兼官司信凭⑭验状推勘，何可疏略？又况验尸失当⑮，致罪非轻。当是任者，切宜究之！

【注释】①验状：验尸报告。

②开具：写明，写清。

③名件：名称和件数。

④雕青：刺青，纹身。

⑤伛偻：驼背。

⑥拳跛：罗圈腿，跛脚。

⑦青紫、黑色：这里指青紫色痣、黑色的痣。

⑧蹄踵：原义为牲口的脚，引申为手脚上的硬茧。

⑨推勘：审问，裁断。

⑩不得姓名人尸首：不知姓名的尸首。

⑪骨肉：亲属，这里指死者的亲属。

⑫陈理：打理，收理。

⑬久远照用：长久地参照使用。

⑭信凭：信任，相信，引申为根据。

⑮失当：失误，不正确。

【译文】凡验尸报告要写明：尸首原来在什么地方，如何放置，与四周标志物的距离，穿着什么衣服，这些都要检验记录清楚。尸首有纹身、针灸后留下的瘢痕，生前有什么肢体折损以及驼背、拳曲、跛脚、青紫色的痣斑、黑色的痣斑、红色的痣斑、肉瘤、硬茧等各种身体症状，都要一一在验尸报告上写明，以防验证真伪，断定案件真相时用到。如果遇到不知名的尸首，以后有死者亲属来收葬，就要根据验尸报告上的记载来对照辨认。如果当时验尸报告的记录非常简略、记述不全，就会妨碍以后的使用。况且检验尸首，要么是因为非正常死亡，要么是囚犯、军人、无人认领的尸首，才会委派验尸官前来验定，并且官府断案也是依据验尸报告来判处，这么重要的事情怎么可以疏忽简略呢？更何况检验结论不当，会招致很重的罪责。所以，既然接受了验尸任务，就一定要仔细检验出死亡原因。

谦德国学文库丛书

（已出书目）

颜氏家训	酉阳杂俎
列子	商君书
心经·金刚经	读书录
六祖坛经	战国策
茶经·续茶经	吕氏春秋
唐诗三百首	淮南子
宋词三百首	营造法式
元曲三百首	韩诗外传
小窗幽记	长短经
菜根谭	虞初新志
围炉夜话	迪吉录
呻吟语	浮生六记
人间词话	文心雕龙
古文观止	幽梦影
黄帝内经	东京梦华录
五种遗规	阅微草堂笔记
一梦漫言	说苑
楚辞	竹窗随笔
说文解字	国语
资治通鉴	日知录
智囊全集	帝京景物略